C.H.BECK WISSEN

Mit der Neuzeit rückt die Urteilskraft des Menschen ins Zentrum des Denkens. Ab dem 17. Jahrhundert entwickeln sich auf europäischem Boden vielfältige aufklärerische Bewegungen, die das Bewusstsein menschlicher Freiheit nicht nur zum Maßstab der Erkenntnis, sondern auch zum Fundament der Politik machen. Diese Einführung in Rationalismus, Empirismus und politische Philosophie stellt die Untrennbarkeit von Wissen und Handeln als Leitidee des intellektuellen Aufbruchs vor. Im Zentrum der Darstellung stehen Descartes, Hobbes, Spinoza, Locke, Leibniz, Hume und Rousseau.

Johannes Haag ist Professor für Theoretische Philosophie an der Universität Potsdam.
Markus Wild ist Professor für Theoretische Philosophie an der Universität Basel.

Johannes Haag/Markus Wild

PHILOSOPHIE DER NEUZEIT

C.H.Beck

Originalausgabe

Satz: C.H.Beck.Media.Solutions, Nördlingen
Druck und Bindung: Druckerei C.H.Beck, Nördlingen
Reihengestaltung Umschlag: Uwe Göbel (Original 1995, mit Logo),
Marion Blomeyer (Überarbeitung 2018)
Umschlagabbildungen: Baruch de Spinoza, 1670, akg-images /
Erich Lessing; David Hume, Portrait von Allan Ramsay, 1766,
akg-images / De Agostini Picture Library
Printed in Germany
ISBN 978 3 406 73210 2

www.chbeck.de

Inhalt

Vorwort

Die Kurzdarstellung der Philosophie einer ganzen Epoche braucht einen Leitgedanken, der die Epoche als Einheit wahrnehmbar macht. Einen solchen zentralen Orientierungspunkt stellt für die neuzeitlichen Denkerinnen und Denker der Gedanke der Autonomie dar.

Offensichtlich gilt dies für die praktische Philosophie: So setzt sich in der Moralphilosophie in dieser Zeit die philosophische Überzeugung durch, dass ein rationales Individuum in der Lage sein sollte, sich selbst der Idee einer Moralität der Selbstregierung [Schneewind 1998] zu unterwerfen und in ihrem Sinne mit anderen rationalen Individuen zusammenzuleben. Dieser Autonomiegedanke findet eine Entsprechung keineswegs nur in der Überzeugung, dass auch die aus dieser Selbstgesetzgebung resultierenden Staaten autonom sein sollten; auch im Bereich der Erkenntnistheorie und der Methodologie bietet sich Autonomie als ein Leitgedanke an, der bereits im selbstbewussten Unterfangen einer Selbstprüfung unseres Wissens bei Descartes seinen ersten Ausdruck findet und sich als Thema durch die ganze Philosophie der Neuzeit zieht. Ihren Höhepunkt und vorläufigen Abschluss findet diese Entwicklung des Autonomiegedankens in der Philosophie Kants, die in diesem Band nicht mehr ausführlich behandelt wird (vgl. «Philosophie des 19. Jahrhunderts» in dieser Reihe). Auch wenn man die Philosophie der Neuzeit nicht als eine geistige Entwicklung betrachten sollte, die zielgerichtet auf Kant zuläuft, scheint es uns doch hilfreich, sie als eine geistige Entwicklung zu betrachten, die Kants kritische Wende in der Philosophie überhaupt erst ermöglicht.

Wir wollen die Philosophie dieser Epoche allerdings keineswegs auf diesen Leitgedanken reduzieren und verfolgen daher in unserer Darstellung der Epoche auch eine Reihe anderer Leitmotive, die zum Teil eng ineinander verwoben sind, wie etwa den Wandel des Substanzbegriffs, die Theorie der Ideen, die Fragen nach dem Verhältnis von Moral, Gefühl und Verstand, die Frage nach dem Naturzustand und dem Wesen des Staates.

Andere wichtige Themen konnten nur kurz angerissen werden oder mussten ganz in den Hintergrund treten, darunter die Wechselbeziehung zwischen Philosophie und neuer Naturwissenschaft, die Auseinandersetzung mit den hellenistischen Denkschulen (Skepsis, Stoa, Epikureismus), die Philosophie der Religion, die Anthropologie oder die philosophische Ästhetik. Die Übersicht über weiterführende Literatur soll diesen Missstand wenigstens zum Teil beheben.

1. Descartes: Fundierung des Wissens und Therapie der Leidenschaften

Als der junge Soldat René Descartes im Winter 1619 auf dem Weg in die Dienste des bayerischen Herzogs Maximilian I. vor dem einbrechenden Winter in Ulm Schutz suchte, veränderten in der Nacht vom 10. November drei Träume den Gang seines Lebenswegs – und zugleich die Geschichte der neuzeitlichen Philosophie. Descartes, geboren am 31. März 1596 in der Kleinstadt La Haye, stammte aus dem niedrigen Landadel; sein Vater war ein hochrangiger Regierungsbeamter, seine Mutter starb 14 Monate nach der Geburt. Seine Erziehung erfuhr er seit seinem neunten Lebensjahr am Collège Henri-IV in La Flèche, das von Jesuiten geführt wurde und als eine der besten Schulen Europas galt. Die Ausbildung in La Flèche war philosophisch und naturwissenschaftlich sehr umfangreich. Neben ersten Kenntnissen der modernen Naturwissenschaften (Unterricht am Teleskop) erwarb Descartes vor allem eine gründliche Kenntnis der scholastisch geprägten Schulphilosophie seiner Zeit, die er später teils kritisch zurückwies (etwa die aristotelische Naturerklärung), teils in die eigene Philosophie integrierte (etwa das metaphysische Vokabular). Nach Abschluss seiner Studien 1614 begann er vermutlich im Herbst 1615 ein Rechtsstudium in Poitiers, das er dort ein Jahr später abschloss. Im Sommer 1618 trat er in die holländische Armee ein und wurde in Breda (Niederlande) in moderner Kriegsführung ausgebildet. Gleichzeitig partizipierte er am liberalen geistigen Leben, das die humanistisch geprägten Niederlande auszeichnete. Von größter Bedeutung für seine geistige Entwicklung war die dortige Zusammenarbeit mit Isaac Beeckman (1588–1637). Beeckman war einer der führenden mathematischen Naturwissenschaftler seiner Zeit, der Descartes nicht nur durch seine Ablehnung der aristotelischen Ansätze in den Naturwissenschaften von diesen abbrachte, sondern insbesondere auch durch eine atomistische Konzeption nachhaltigen Einfluss auf Descartes' naturwissenschaftliche Vorstellungen nahm. Neben kinematischen und hydrostatischen Untersuchungen brachten die beiden jungen Forscher der mathematisch-mechanischen Beschreibung musikalischer Proportionen besonderes Interesse entgegen, die Descartes in seiner ersten, zu Lebzeiten unveröffentlichten Schrift *Compendium Musicae* dokumentierte.

Nachdem seine Reise von Breda nach München vorerst in Ulm ein Ende fand, verbrachte Descartes den harten deutschen Winter in wissenschaftliche Studien und Kontemplation vertieft zurückgezogen in seiner Stube. In seiner *Abhandlung über die Methode* (*Discours de la Methode*, 1637) berichtet er später von diesem Aufenthalt, freilich ohne ein Erweckungserlebnis zu erwähnen, von dem wir durch Descartes' ersten Biographen Adrien Baillet (1649–1706) wissen: Nach einem Tag intensiver geistiger Arbeit hat er in der Nacht drei aufwühlende Träume, die er selbst sofort als nachdrückliche Aufforderung zur Abkehr von der soldatischen Laufbahn und zur Wahl eines der Wahrheitssuche in den Wissenschaften gewidmeten Lebenswegs interpretiert. Viele der zentralen methodologischen Elemente, die Descartes' Bemühen um einen Bruch mit der scholastischen Schulphilosophie in besonderer Weise charakterisieren, stehen im Zusammenhang mit der Rückbesinnung auf diesen Aufenthalt und der damit verbundenen Wende zu wissenschaftlichen und philosophischen Studien, die seinen weiteren Lebensweg bestimmt haben.

Methode und Skepsis

Als zentrales Motiv dieser neuen Methodologie identifiziert Descartes die Notwendigkeit, sich in Ermangelung einer autoritativen Leitung von außen letztlich nur auf sich selbst und seine eigenen geistigen Fähigkeiten besinnen zu können, kurz: sich geistig autonom zu verhalten. Bereits kurz nach dem geschilderten Erweckungserlebnis, in seinen im Fragment erhaltenen *Regulae ad Directionem Ingenii* (1619; weiter 1627) war dieses

Bemühen um einen methodologischen Neuanfang klar zu erkennen. Fast zwei Jahrzehnte später schreibt Descartes nun im *Discours*:

> Deshalb konnte ich mir niemanden wählen, dessen Überzeugungen mir einen Vorzug vor anderen zu verdienen schienen, und fand mich gleichsam gezwungen, es selbst zu übernehmen, mich zu leiten. [*Discours* AT VI 16]

Denn alle vermeintlichen Autoritäten sind, wie Descartes in einer verblüffend modern wirkenden Argumentation deutlich macht, letztlich gebunden an die Epoche und den Kulturraum, in die sie hineingeboren werden. Descartes glaubt sein eigenes Denken von diesen Zufälligkeiten frei halten zu können, indem er eine *Methode* entwickelt, die es ihm erlauben soll, in systematischer Weise von solchen zufälligen Gegebenheiten abstrahieren und so den Blick für die überzeitlichen, ewigen Wahrheiten frei machen zu können. Sind diese Wahrheiten erst einmal freigelegt, so können sie als sicheres Fundament des Wissens und der Wissenschaft dienen.

Wissen und Weisheit beruhen nicht auf Tradition, Kultur oder Gemeinschaft, sondern auf der epistemischen Autonomie des Subjekts. Diese Autonomie besteht im freien Gebrauch der Vernunft als Maßgabe für das Denken und das Erkennen. Wie Descartes im *Discours* zu verstehen gibt, besitzt die epistemische Autonomie höchste Dignität, weil sie ihren Ursprung in Gott hat:

> Da Gott einem jeden von uns etwas von dem natürlichen Licht gegeben hat, um das Wahre vom Falschen zu unterscheiden, konnte ich mich auch nur für einen Augenblick mit den Meinungen anderer zufriedengeben, bevor ich mich nicht dazu gebracht hatte, mein eigenes Urteil anzuwenden, um sie zu prüfen. [*Discours* AT VI 27]

Die epistemische Autonomie besteht allerdings nicht allein in der Zurückweisung ungeprüfter Meinungen und im freien Gebrauch der Vernunft, sondern ebenso sehr in einer Methode zur schrittweisen Auffindung von Wahrheiten. Diese Methode stellt Descartes im zweiten Teil des *Discours* in der gerafften Form von vier Regeln vor:

1. Akzeptiere niemals etwas als wahr, bevor Du es nicht selbst klar und deutlich als wahr erkannt hast.
2. Trenne die Probleme, damit Du sie einzeln untersuchen und lösen kannst.
3. Halte dich an die Ordnung des Denkens, die bei den einfachen Dingen beginnt und schrittweise zu den komplexeren gelangt.
4. Vergegenwärtige Dir immer wieder diese Ordnung, um sicherzugehen, dass Du nichts ausgelassen hast.

Im Anhang zum *Discours* gibt Descartes Beispiele für die Fruchtbarkeit dieser Methode in der Form von drei ausführlichen Abhandlungen über Optik (*De la dioptrique*), Himmelsphänomene (*Les meteores*) und Geometrie (*La géometrie*). Bekannt geworden sind etwa Descartes' Versuche, optische Brechungsgesetze zu formulieren oder das rätselhafte Phänomen des Regenbogens zu erklären. Descartes verstand die Methode offenbar als ein universelles Instrument zur Auffindung sowohl von empirischen Wahrheiten (etwa in der Physik) als auch von apriorischen oder, wie Descartes sagt, ewigen Wahrheiten (beispielsweise in der Geometrie). Auch die in den sechs *Meditationen über die erste Philosophie* (*Meditationes de prima philosophia*, 1641) entwickelte Metaphysik stellt ein Beispiel der Anwendung dieser Methode dar.

Die *Meditationes* sind das philosophisch bedeutendste Werk Descartes'. Sie setzen einen neuen Standard der Klarheit der Argumentation, und die in ihnen ausgeführten Fragestellungen bestimmen die Agenda für die theoretische Philosophie der frühen Neuzeit bis hin zu Kant. Sie sind damit das Gründungsdokument der theoretischen Philosophie der frühen Neuzeit. Das gilt insbesondere für die Wende zur erkenntnistheoretischen Fundierung metaphysischer Themen wie der Frage nach der Existenz Gottes und dem Verhältnis von Geist und Körper. Die

Erkenntnistheorie wird damit der Metaphysik gleichsam vorgeschaltet.

Diese erkenntnistheoretische Wende liegt offensichtlich auch unserem methodologischen Ausgangsproblem zugrunde. Die Grundprämisse der cartesischen Methodologie ist eine Position, die wir heute als epistemologischen Fundamentalismus bezeichnen: die Vorstellung, dass die Überzeugungen, die wir als Wissen klassifizieren können – also die Überzeugungen, die nicht nur (zufällig) wahr, sondern auch gerechtfertigt sind –, auf einem festen Fundament von Überzeugungen ruhen müssen, die selbstrechtfertigend oder unmittelbar gewiss sind. Dies gilt natürlich erst recht für die systematische Ordnung des Wissens, die Wissenschaft.

Wenn sich solche grundlegenden Überzeugungen identifizieren lassen, garantieren sie einen Ausweg aus einer skeptischen Überlegung, die dem pyrrhonischen Skeptiker Agrippa zugeschrieben wird: dem Agrippinischen Trilemma. Dieses Trilemma geht von der Beobachtung aus, dass meine Rechtfertigung für eine Überzeugung, dass p, in der Regel eine weitere Überzeugung, q, sein wird. Wenn q die Rechtfertigung für p sein soll, muss q selbst aber auch gerechtfertigt sein. Man sieht sofort, dass hier eine Rechtfertigungskette entsteht, die uns entweder (1) in einen infiniten Regress oder (2) in einen Zirkel oder (3) zum willkürlichen Abbruch der Rechtfertigung führen muss.

Eine Klasse von Überzeugungen, die unmittelbar gewiss sind, scheint als Fundament einer Wissenschaft dienen zu können, die diesem Trilemma entgeht: Unmittelbar gewisse Grundwahrheiten halten den Überzeugungsregress an, indem sie als Anfangspunkte einer Kette von Gründen dienen können, die gerade *nicht* beliebig sind. Doch wie kann sichergestellt werden, dass das in der Tat nicht der Fall ist? Um diesen Nachweis zu führen, verwendet Descartes eine *methodische Skepsis*: Der Skeptiker ist hier nicht der Alleszerstörer, der das Gebäude des Wissens und der Wissenschaft zum Einsturz bringt, sondern sein systematischer Zweifel dient als Mittel der Läuterung, das am Ende des Zweifelsprozesses die fundamentalen Wahrheiten umso klarer und deutlicher zum Vorschein bringt. Damit der

Zweifel diese methodologische Aufgabe erfüllen kann, muss er *radikal* und *umfassend* sein: Jedes Urteil ist, bevor es dieser Prüfmethode unterzogen wird, ein Vorurteil; und Überzeugungen können nicht einzeln geprüft werden, sondern ganze Klassen von Überzeugungen werden auf einmal getestet, indem die Erkenntnisquelle, aus der sie entspringen, auf ihre Zuverlässigkeit untersucht wird. Sofern sich Zweifelsgründe für eine Erkenntnisquelle finden lassen, werden alle Produkte dieser Erkenntnisquelle bis auf weiteres in Frage gestellt.

In der ersten seiner *Meditationen* führt Descartes diese Prüfung durch, indem er nacheinander die beiden grundlegenden klassischen Erkenntnisquellen untersucht: die sinnliche Wahrnehmung einerseits und die apriorische Erkenntnis durch Verstand oder Vernunft andererseits. Beide Quellen, so stellt sich heraus, können der methodischen Skepsis nicht entgehen.

Die Argumentation ist komplex, aber zwei berühmte Argumente sollen kurz angesprochen werden: das sogenannte Traumargument gegen das *Zeugnis der Sinne* und das Argument vom Täuschergott gegen die Zuverlässigkeit *apriorischer Erkenntnis*.

Träume sind sicherlich mehr oder weniger zusammenhängende Abfolgen sinnlicher Vorstellungen. Aber sie stellen uns nicht das vor Augen, was wirklich ist. Bloß geträumte Wirklichkeit ist keine Wirklichkeit. Träume können jedoch sehr lebendig sein und gaukeln uns manchmal Situationen vor, die denen verblüffend ähnlich sind, die wir im Wachzustand erleben. Ja, bisweilen können wir für kurze Zeit den Traum mit dem Wachen verwechseln. Doch ist das schon ein guter Zweifelsgrund? *Hier* und *jetzt* kann ich doch sicherlich wissen, dass ich wach bin und nicht träume! Doch der Skeptiker fragt zurück: Sind wir von ähnlichen Gedanken nicht auch schon im Traum getäuscht worden?

Hinter dieser scheinbar harmlosen Bemerkung verbirgt sich ein wirkungsvolles philosophisches Argument, das an die Regressstruktur des Agrippa-Trilemmas erinnert: Wenn mir im Traum auch ein bloß geträumtes Hier und Jetzt als reales Hier und Jetzt erschienen ist, dann kann ich mir nicht mehr sicher sein, dass ich mich hier und jetzt in einer realen und nicht etwa geträumten Situation befinde. Wie sollte ich Traum und Wirklichkeit in dieser Situation unterscheiden? Ich konnte es im Traum bisweilen nicht. Wieso glaube ich, es hier und jetzt zu können? Dafür bräuchte ich ein sicheres *Kriterium*. Worin aber soll das bestehen, wenn ich doch selbst wieder nur träumen kann, dass dieses Kriterium Anwendung findet? Descartes schließt resigniert, dass es kein sicheres Kriterium geben könne, den Traum vom Wachzustand zu unterscheiden.

Mit dem Traumargument steht die sinnliche Wahrnehmung bis auf weiteres unter Generalverdacht. Es ist ein für Descartes typisches Argument, dessen Faszination bis heute anhält, denn es ist konzise und suggestiv, überzeugt auf den ersten Blick und lässt bei genauerem Nachdenken schnell zweifeln – und generiert so auf Anhieb eine produktive Dialektik des Weiterdenkens.

Das gilt in ganz ähnlicher Weise auch für das Argument, mit dem Descartes nun auch einen Zweifelsgrund für die apriorische Erkenntnis liefern will: das Argument vom *Täuschergott*. Apriorische Erkenntnis wie beispielsweise unser Wissen von logischen und mathematischen Wahrheiten scheint so robust zu sein, dass sich daran nicht mit gutem Grund zweifeln lässt. Descartes muss deshalb schweres Geschütz auffahren, um auch für solche Gewissheiten Zweifelsgründe zu finden. Unsere Vorstellung eines allmächtigen Gottes erfüllt diese Voraussetzung: Sicherlich *scheinen* uns mathematische Wahrheiten äußerst gewiss zu sein. Aber könnte nicht ein allmächtiger Gott uns selbst im Hinblick auf diese Gewissheiten *täuschen*? Selbst mathematische Wahrheiten wären demnach bloß *scheinbare* Wahrheiten – und damit eben *keine* Wahrheiten.

Obwohl dieser Zweifelsgrund schwach und bloß metaphysisch ist, wie Descartes einräumt, reicht er doch unter den strengen Bedingungen des methodischen Zweifels aus, um nach der Sinnlichkeit auch die apriorische Erkenntnis als Quelle von Gewissheit zu diskreditieren. Am Ende der *Ersten Meditation* stehen wir deshalb mit leeren Händen da. Weder die sinnliche Wahrnehmung noch ein unmittelbarer Zugang zu ewigen Vernunftwahrheiten kann, so scheint es, als Fundament des Wissens dienen. Gibt es also gar nichts, was wir wissen können?

Cogito und Ideentheorie

Descartes löst die Malaise, in die uns der methodische Zweifel gebracht hat, gleich zu Beginn seiner *Zweiten Meditation* mit der vermutlich berühmtesten Überlegung der Philosophiegeschichte auf: dem *Cogito*-Argument.

> Ich habe in mir eine Annahme gefestigt, es gebe gar nichts in der Welt, keinen Himmel, keine Erde, keine Geister, keine Körper: also bin doch auch ich nicht da? Nein, ganz gewiss war ich da, wenn ich mich von etwas überzeugt habe! ... Nachdem ich so alles genug und übergenug erwogen habe, muss ich schließlich festhalten, dass der Satz «Ich bin, ich existiere», sooft ich ihn ausspreche oder im Geist auffasse, notwendig wahr sei. [*Meditationes* AT VII 24 f.]

Diese Überlegung weist darauf hin, dass es notwendige Wahrheiten gibt, die sich dem methodischen Zweifel entziehen müssen: nämlich die Existenz des Subjekts von Gedanken – und damit insbesondere auch die Existenz des Subjekts von Zweifelsgedanken. Damit sind diese Existenzbehauptungen vom Zweifel ausgeschlossen, denn selbst der Zweifel an der eigenen Existenz ist der Gedanke eines Denkers und zerstört sich so gleichsam selbst. Die einzige Gewissheit ist also die Gewissheit der Existenz eines Denkers – eines Subjekts von Gedanken oder, wie Descartes formuliert, eines *denkenden Dinges* (*res cogitans*). Für ein Fundament von Wissen oder gar einer ganzen Wissenschaft ist das nicht eben viel.

Allerdings hat Descartes mit der *res cogitans* etwas mehr eingeschmuggelt, als ihm aufgrund seiner Argumentation erlaubt war. Denn diese *res cogitans*, so erfahren wir bald darauf, ist eine denkende *Substanz*. Substanzen werden von ihm scheinbar ganz klassisch aristotelisch definiert: Substanzen sind Subjekte der Prädikation, die selbst von nichts prädiziert werden können: Substanzen haben Eigenschaften, sind aber keine Eigenschaften. Doch Descartes' Formulierung gibt der klassischen Definition eine interessante Wendung: Reale Prädikate sind nämlich nach Descartes das, was auch immer wir perzipieren (*percipere*)

[AT VII 161]. Was wir perzipieren, sind Eigenschaften, von denen wir *Ideen* haben. Ideen sind für Descartes die grundlegenden Einheiten unserer bewussten geistigen Zustände. Der cartesische Substanzbegriff ist also wesentlich bezogen auf bewusste geistige Zustände eines denkenden Subjekts – eben des Subjekts, das wir als *res cogitans* am Ende des *Cogito*-Arguments zum Fundament des Wissens machen sollten.

Der grundlegende Gegenstand philosophischer Untersuchung kann deshalb in einem durch den radikalen Zweifel geläuterten Erkenntnissubjekt nichts anderes sein als die bewussten Geisteszustände dieses Subjekts. Descartes verfolgt diesen Ansatz mit großer Konsequenz im weiteren Verlauf seiner *Meditationen*. Es ist deshalb von größter Bedeutung für das Verständnis des cartesischen Projekts, genau zu verstehen, was geistige Zustände für Descartes sind. Wir werden sehen, dass Descartes' Charakterisierung geistiger Zustände die Philosophie der Neuzeit entscheidend prägt. Insbesondere seine Konzeption der *Ideen* hatte kaum zu überschätzenden Einfluss. Descartes' Ideentheorie formuliert eine moderne Auffassung der Intentionalität geistiger Zustände. Mit seiner Ideentheorie rückt Descartes die Thematik der Intentionalität in den Mittelpunkt des philosophischen Interesses der kommenden 150 Jahre. Seit Franz Brentanos Werk *Psychologie vom empirischen Standpunkt* (1874) versteht man unter der Intentionalität geistiger Zustände die Eigenschaft, dass sie *von etwas* (ihrem Gegenstand) handeln und ihren Gegenstand dabei *als etwas* charakterisieren (ihm Eigenschaften zuschreiben). Interessanterweise können sie das auch dann, wenn der Gegenstand zwar existiert, die ihm so zugeschriebene Eigenschaft aber nicht besitzt (wie im Gedanken «Elefanten sind Reptilien»), und sogar dann, wenn der Gegenstand, von dem sie handeln, überhaupt nicht existiert (wie im Gedanken «Einhörner sind Säugetiere»).

Wir haben bereits erwähnt, dass die Ideen die Grundbausteine unserer geistigen Zustände sind. Ideen können wir zunächst in zweierlei Hinsicht betrachten: als *geistige Akte* oder *Denkakte* einerseits (*idea materialiter spectata*) und als *Inhalte* oder *repräsentationale Gehalte* dieser Denkakte andererseits (*idea obiective spectata*). Als Denkakte (*idea materialiter*) unterscheiden sich Ideen nicht voneinander: Sie alle sind Tätigkeiten des Geistes, Zustände der *res cogitans*. Verantwortlich für ihre spezifische Verschiedenheit muss deshalb etwas anderes sein. Die Idee eines Hauses ist unterschieden von der Idee eines Baumes, weil sie unterschiedliche Dinge in unterschiedlicher Weise repräsentieren bzw. unterschiedliche Inhalte haben. Damit diese Ideen etwas repräsentieren können, ist es allerdings nicht erforderlich, dass der repräsentierte Gegenstand auch existiert. Es reicht dafür aus, dass er, wie Descartes in Anlehnung an scholastische Terminologie sagt, *in objektiver Seinsweise* existiert – mithin als bloß *gedachtes* Bezugsobjekt einer Idee. Gegenstände können allerdings nicht nur objektiv existieren, sondern auch schlechthin oder an sich. Diese Seinsweise nennt Descartes ihre *formale Seinsweise*. Offensichtlich hat das Verhältnis von objektiver Seinsweise – Gegenstände als (bloße) Inhalte von Gedanken – zur formalen Seinsweise – Gegenstände als an sich existierend – etwas zu tun mit der Frage nach der Übereinstimmung von Repräsentation (Idee) und repräsentierter Wirklichkeit. Sofern der Denker die Idee auf die von ihr repräsentierte Wirklichkeit qua an sich existierende Wirklichkeit bezieht, betrachtet er die Idee *formaliter*.

Die Existenz Gottes und die Fundierung von Wissen

Es gibt geistige Zustände, die nicht mehr enthalten als eine Idee. Allerdings sind die meisten geistigen Zustände Komplexe aus Ideen und einer Einstellung zu diesen Ideen. Solche Einstellungen können Hoffnungen, Wünsche, Furcht, Skepsis usw. sein. Für diese Einstellung ist nicht der Verstand verantwortlich, sondern der Wille. Beide Vermögen der *res cogitans* befinden sich in ständiger Interaktion. Besonders wichtig ist diese Interaktion im Prozess des *Urteilens*. Urteile sind für Descartes komplexe geistige Zustände, die sich zusammensetzen aus einer Idee und einer willentlichen Zustimmung oder Ablehnung dieser Idee. Erst im Urteil beziehen wir unsere Ideen auf eine unabhängig von unserem Denken existierende Welt: Wir behaupten, dass sich etwas so-und-so verhält – und betrachten die Idee damit *formaliter*. Diese Betrachtungsweise ist, so Descartes, das Ergebnis eines Willensakts der Zustimmung oder Ablehnung. Nur Urteile, nicht aber Ideen, können deshalb wahr oder falsch sein.

Nun haben wir bislang aber noch kein Kriterium dafür, wahre von falschen Urteilen zu unterscheiden. Denn dem methodischen Zweifel konnten sich bisher lediglich die Existenz eines denkenden Subjekts und die Existenz von dessen geistigen Zuständen entziehen. Wie kann sich darauf das Gebäude unseres Wissens stützen? Sicherlich nicht einfach so, dass diese Grundwahrheit alle anderen Wahrheiten implizieren würde. Descartes ist eher der Ansicht, dass unser Zugang zu unseren Gedanken uns auch einen Zugang zu einigen Grundbegriffen (Ideen) eröffnet, die wir in uns vorfinden. Darunter sind einerseits grundlegende mathematische oder logische Wahrheiten (wie die Vorstellung, dass 2 + 2 = 4 ist, oder der Satz vom Widerspruch, der besagt, dass nicht zugleich P und nicht-P der Fall sein kann), andererseits auch ein zentraler Begriff der cartesischen Philosophie: die Idee *Gottes*. Diese Idee hat Descartes bereits im Argument vom Täuschergott verwendet. Der Zweifel selbst setzte also die Gottesidee bereits voraus. Descartes widerlegt diesen Zweifel, indem er zunächst die *Existenz* Gottes zu beweisen versucht (3. *Meditation*) und in einem zweiten Schritt argumentiert, dass Gott kein Täuschergott sein kann (4. *Meditation*). Der Grundgedanke seines Gottesbeweises ist ein Schluss von der (vom Skeptiker, wie wir gesehen haben, im metaphysischen Zweifel selbst vorausgesetzten) Tatsache, dass wir die Idee Gottes besitzen, auf dessen Existenz. Solche Schlüsse vom Gedanken auf die Wirklichkeit sind normalerweise natürlich problematisch. In diesem besonderen Fall glaubt sich Descartes jedoch zu diesem Schluss berechtigt, weil die Idee Gottes die Idee einer *unendlichen* Substanz ist. Eine solche Idee kann nicht aus uns selbst stammen, da wir *nicht* unendlich sind und wir sie auch nicht durch die bloße Negation unserer Endlichkeit gebildet haben können, da der Begriff der Unendlichkeit Gottes der Begriff von etwas Realem, ja sogar des Allerrealsten ist. Die Idee muss mithin von etwas von uns Verschiedenem in uns gelegt worden sein. Unmittelbar dafür verantwortlich könnten zwar andere endliche Substanzen sein, doch letztlich müssen wir – sofern wir nicht in einen Regress geraten wollen – annehmen, dass diese Kausalkette von einer Substanz in uns gelegt wurde, die diese Idee nicht von etwas anderem erhalten musste, da sie selbst die fragliche Eigenschaft hat. Diese kausaltheoretische Überlegung erlaubt es also, im Fall der Idee Gottes – und nur in ihrem Fall! – vom Denken einer Entität auf deren Existenz zu schließen. Descartes gibt neben diesem kausaltheoretischen Gottesbeweis noch einen weiteren, diesmal ontologischen Gottesbeweis aus dem Begriff Gottes als vollkommenstem Wesen (5. *Meditation*): Sofern Existenz eine positive Eigenschaft ist, muss ein Wesen, zu dessen Begriff es gehört, alle positiven Eigenschaften zu haben, auch diese Eigenschaft besitzen. Dieser Beweis steht in der Tradition von Thomas von Aquin und ist zu unterscheiden von dem ontologischen Beweis in der Tradition des Anselm von Canterbury, der aus dem Begriff Gottes als notwendig existierendem Wesen auf dessen Existenz schließt.

Mit dem kausaltheoretischen Gottesbeweis haben wir erstmals im cartesischen Fundierungsprojekt die Grenzen der Erkenntnis über den Denker und seine Gedanken hinaus zur Existenz von etwas von ihm Verschiedenem erweitert. Doch ist damit nur dann etwas gewonnen, wenn wir ausschließen können, dass dieser Gott ein Täuschergott im Sinne des metaphysischen Zweifels ist. Descartes widmet seine (häufig unterschätzte) *Vierte Meditation* diesem Nachweis. Zwar können wir aufgrund des Inhalts unserer Idee Gottes mit Fug und Recht behaupten, das Gott ein gütiger Gott sein muss. Doch es bleibt das bereits oben angesprochene Problem, dass Gott es offenbar zulässt, dass wir uns bisweilen täuschen. Wie verträgt sich das mit seiner Güte? Descartes argumentiert, dass wir als Wesen, die sich täuschen können, vollkommener sind, als wenn das nicht der Fall wäre. Denn nur so sind wir *frei* in unserem Urteil – und diese Urteilsfreiheit, die für Descartes eine Freiheit des *Willens* ist, ist die einzige unter unseren Eigenschaften, hinsichtlich derer wir selbst an die Unendlichkeit heranreichen: Wir haben in jeder epistemischen Situation die Wahl, einer Behauptung zuzustimmen, sie abzulehnen, oder uns des Urteils zu enthalten, und darin besteht die größte Vollkommenheit, die der Mensch hat. Problematisch wäre das nur, wenn wir diese Freiheit nicht auch ausschließlich positiv nützen könnten. Gott hat uns aber so geschaffen, dass wir Irrtum trotz unserer Endlichkeit vermeiden können – nicht dadurch, dass wir alles wissen können, sondern dadurch, dass wir uns entscheiden können, uns im Zweifelsfalle und unter Bedingungen rationaler Unterbestimmtheit des Urteils zu *enthalten*. Und das sollten wir streng genommen immer dann tun, wenn das einzige Kriterium für Wahrheit nicht erfüllt ist: Wenn die Idee, die wir perzipieren, *nicht* klar und deutlich ist (sondern noch dunkel und verworren – und sei es auch nur in geringem Ausmaß), können wir uns ihrer Wahrheit nicht sicher sein und sollten nicht urteilen. Willensfreiheit wird so bei Descartes zu einer Voraussetzung vollkommener epistemischer Autonomie.

Die Beziehung zwischen ausgedehnter und denkender Substanz

Nach der Zurückweisung dieses Arguments vom Täuschergott haben wir zumindest das Feld der klar und deutlich erkannten apriorischen Wahrheiten für die Erweiterung unserer Erkenntnis zur Verfügung. Das reicht aus für Mathematik und das, was man in der frühen Neuzeit als reine Naturwissenschaft bezeichnet hat. Existenzbehauptungen können wir allerdings bisher nur im Hinblick auf Gott als unendliche Substanz und auf uns selbst als *res cogitans* aufstellen. Nicht von anderen endlichen Substanzen und insbesondere nicht von der Existenz der nicht-geistigen Außenwelt. Doch die Konzentration auf das, wovon wir klare und deutliche Ideen haben, erlaubt uns nunmehr eine Erweiterung, die vor der Widerlegung des metaphysischen Zweifels unmöglich war. Denn wir haben, wie Descartes bereits am Ende der *Zweiten Meditation* gezeigt hat, eine klare und deutliche Idee einer endlichen *ausgedehnten* Substanz. Da wir diese ausgedehnte Substanz zudem klar und deutlich als existierend denken, kann er nun in der *Fünften Meditation* folgern, dass ihre *Existenz* gesichert ist.

Ausdehnung ist das Wesen der körperlichen Dinge; Ausdehnungseigenschaften wie Gestalt sind die einzigen Eigenschaften, die nicht bloß im Hinblick auf den Betrachter im Gegenstand sind – wie etwa Farben – und die eine mathematische Beschreibung zulassen. (Descartes verwendet hier implizit den Gegensatz zwischen primären und bloß sekundären Qualitäten, der in der theoretischen Philosophie der frühen Neuzeit eine zentrale Rolle spielt und uns unten bei John Locke ausführlicher beschäftigen wird.) Auf diesen Begriff einer endlichen ausgedehnten Substanz können wir eine ganze mit mathematischen Mitteln operierende Naturwissenschaft aufbauen – und Descartes selbst leistet dies in großem Detail in seinen als Lehrbuch konzipierten *Prinzipien der Philosophie* (*Principia philosophiae,* 1644). In diesem Werk entwickelt er ein Bild von der Natur als ganz und gar wirkursächlich zu erklärendem Mechanismus. Dieses Bild von Natur und ihrer wissenschaftlichen Erklärung vollzieht den nahezu vollständigen Bruch mit der aristotelischen Naturwissenschaft, die bis dahin die Naturerklärung beherrscht hat: In wissenschaftlichen Erklärungen der letzteren Art wird danach gefragt, *wozu* etwas da ist, d.h. nach seinem Ziel oder Zweck, und die Erklärung eines Sachverhalts dann dadurch geleistet, dass er als ein Mittel zu eben diesem Zweck begriffen wird («Körper bewegen sich, weil sie auf andere Körper einwirken sollen»). Solchen teleologischen Erklärungen setzt Descartes nun eine vollständige Erklärung der Natur aus dem Prinzip von Ursache und Wirkung entgegen («Körper bewegen sich, weil andere Körper auf sie einwirken»). Solche Kausalerklärungen sind die Grundlage der modernen Naturwissenschaft, der Descartes den Weg bereitet hat.

Dass die *Existenz* ausgedehnter Gegenstände gesichert ist, gilt insbesondere auch für die Existenz unseres *eigenen* Körpers: Unser Körper ist ausgedehnte Substanz. Allerdings wissen wir noch nicht, ob wir selbst nicht einfach Substanzen sind, die sowohl denkend als auch ausgedehnt sind. Descartes verneint diesen für uns so natürlichen Gedanken in seiner *Sechsten Meditation* vehement. Zwar haben wir Menschen Geist und Körper, aber wir müssen das verstehen als eine Zusammensetzung aus zwei wesentlich verschiedenen Substanzen. Denn Ausdehnung und Denken können nicht Eigenschaften ein und derselben endlichen Substanz sein, da Ausdehnung geradezu definiert ist als das, was nicht denkt, und Denken als das, was nicht ausgedehnt ist. Weil sich ihre wesentlichen Prädikate ausschließen, müssen die *res extensa* und die *res cogitans* verschiedene Substanzen sein – und wir Menschen uns als aus zwei endlichen Substanzen zusammengesetzt begreifen.

Descartes wird aufgrund dieser Argumentation, die die *Meditationen* beschließt, immer wieder vorgeworfen, ein gespaltenes Menschenbild propagiert zu haben. Mit dem Dualismus von Körper und Geist habe er eine in der Konsequenz für die Neuzeit unheilvolle Trennung zwischen Geist und Körper inauguriert. Nun verwandte Descartes einige Mühe auf die Frage, wie Geist und Körper beim Menschen zusammenwirken. Neben den metaphysischen Ausführungen, die sich zu diesem Thema in den *Meditationen* finden, vertrat er auch eine empirische Theorie des Zusammenwirkens von Körper und Geist. Wie er in der vor 1637 entstandenen Schrift *Abhandlung über den Menschen* (*Traité de l'homme*, 1662) ausführt, erhält ein spezielles Hirnorgan, die Zirbeldrüse, den Kontakt zwischen geistigen und körperlichen Prozessen aufrecht. Auch in seinem letzten Werk, den *Leidenschaften der Seele* (*Les passions de l'âme*, 1649), greift Descartes auf diese Lehre zurück. Die sogenannten Lebensgeister – dabei handelt es sich um sehr feine, materielle Körper, die sich in unseren Nervenbahnen bewegen – kommen aufgrund körperlicher Reizungen und Zustände in der Zirbeldrüse in bestimmten Mustern an und verursachen dadurch Wahrnehmungs-, Vorstellungs- und Erinnerungsbilder oder sie werden von der Zirbeldrüse in den Körper gesandt und veranlassen körperliche Prozesse und Bewegungen. Allerdings wurde Descartes nach der Veröffentlichung der *Meditationen* durch Prinzessin Elisabeth von der Pfalz (1618–80) in mehreren Briefen dazu gedrängt, sich nicht nur als Naturwissenschaftler, sondern auch als Metaphysiker zur Frage zu äußern, ob denn der Körper überhaupt auf den Geist einwirken könne und umgekehrt, d. h. zum Problem der mentalen Verursachung. Wer war diese adlige Philosophin?

Die Diskussion mit Elisabeth von der Pfalz

Elisabeth war die Tochter des protestantischen Kurfürsten Friedrich V. von Böhmen (1596–1632), der kurze Zeit König von Böhmen war (1619/20) und anschließend in die Niederlande ins Exil musste. Der Dreißigjährige Krieg verwehrte der Familie die Rückkehr. Elisabeth erhielt im Exil eine umfassende Ausbildung in klassischen Sprachen und wurde vermutlich auch in Logik, Mathematik, Politik und Philosophie unterrichtet. Sie ist ein Beispiel dafür, dass im 17. Jahrhundert zahlreiche Frauen trotz sozialer Hindernisse philosophisch tätig waren. Neben ihr zählen Marie de Gournay (1556–1645), Anna Maria von Schürman (1607–78), Margaret Cavendish (1623–73), Anne Conway (1631–79), Gabrielle Suchon (1632–1703), Damaris Masham (1659–1708), Mary Astell (1666–1731) oder Émilie du Châtelet (1706–49) zu Denkerinnen, die philosophisches Interesse verdienen. Wir werden ihnen teilweise in späteren Kapiteln noch begegnen. Anders als Elisabeth haben alle diese Philosophinnen philosophische Abhandlungen publiziert und nicht wenige unter ihnen sympathisierten mit dem Cartesianismus. Weil die *res cogitans*, wie etwa auch der Cartesianer François Poullain de la Barre (1647–1723) in *De l'égalité des deux sexes* (*Über die Gleichheit der beiden Geschlechter*, 1673) ausdrücklich argumentierte, kein Geschlecht haben kann, konnte mithilfe des Cartesianismus der intellektuellen Ungleichbehandlung der Geschlechter entgegengetreten werden. Aufgrund dieses emanzipatorischen Potenzials des Cartesianismus wäre es verkehrt, den cartesianischen Dualismus letztlich als Repression des Köpers und damit mutmaßlich auch der Frau zu betrachten. In dieser Debatte nahmen Denkerinnen dezidiertere Positionen ein.

So argumentierte Mary Astell in *A Serious Proposal to the Ladies* (*Ein ernsthafter Vorschlag für Damen*, 1694, 1697), dass Frauen und Männer dasselbe rationale Vermögen zukomme und sie deshalb vergleichbare Bildungschancen verdienen. Dies erscheint vor dem Hintergrund des cartesianischen Dualismus zwingend, bestimmt doch die rationale Seele (*res co-*

gitans) die Natur des Menschen, und diese hat im Unterschied zum Körper (*res extensa*) kein Geschlecht. Im Unterschied zur tugendhaften Frau, die der rationalen Natur des Menschen entsprechend lebt, passt sich die untugendhafte Frau den überkommenen Gewohnheiten und den Meinungen anderer an, legt zu viel Wert auf Schönheit und Jugend und entwickelt ihre intellektuellen Fähigkeiten unzureichend. Während die untugendhafte Frau in ihrer zweiten, von der Gewohnheit bestimmten Natur aufgeht und sich auf ihren Körper konzentriert, bemüht sich die tugendhafte Frau um ein Leben gemäß ihrer eigentlichen, von Gott gegebenen Natur, ihrer rationalen Seele. Astells Argumentation ist nicht nur eine Forderung nach intellektueller Autonomie, sondern auch nach Authentizität – wie Jacqueline Broad [2015] argumentiert.

Kriegserfahrung und Exilsituation, wie sie auch Elisabeth von der Pfalz erfahren musste, führten im 17. Jahrhundert dazu, dass sich Philosophinnen und Philosophen für die Moral der antiken Stoa zu interessieren begannen. Der Philologe Justus Lipsius (1547–1608) hatte eine weithin beachtete Abhandlung mit dem Titel *De constantia in malis publicis* (*Von der Standhaftigkeit*, 1585) veröffentlicht, in der stoisches Gedankengut helfen sollte, Beharrlichkeit, Kraft und Trost in Zeiten politischer und persönlicher Krisen zu finden. Drei Aspekte der stoischen Philosophie hebt Lipsius besonders hervor: Erstens besteht ein wesentliches Merkmal der Weisheit darin, sich nicht von Ereignissen erschüttern zu lassen, auf die man keinen Einfluss hat und die man nicht verhindern kann; zweitens müssen zur Erlangung dieser Unabhängigkeit von äußeren Ereignissen insbesondere die Emotionen und ihre Erregung kontrolliert werden; drittens betrachtet die Stoa Emotionen in erster Linie als irregeleitete Urteile, und eine kritische Bewertung und Revision solcher Urteile sind das Mittel zur Kontrolle der Emotionen. Sowohl Elisabeth als auch Descartes waren aus unterschiedlichen Gründen von diesen Überlegungen angezogen. Die Idee der provisorischen Moral, die wir im kommenden Abschnitt darlegen werden, macht deutlich, dass sich Descartes insbesondere die ersten beiden Aspckte zu eigen machte.

Zwischen 1643 und 1649 tauschten Elisabeth und Descartes eine Reihe bedeutender Briefe aus. In dem ersten erhaltenen Brief vom 6. Mai 1643 weist Elisabeth darauf hin, dass Descartes gezeigt habe, dass der Körper metaphysisch betrachtet Ausdehnung sei und dass das Wesen des Geistes im Denken bestehe. Wie aber soll etwas Ausgedehntes auf etwas seinem Wesen nach Unausgedehntes, nämlich auf das Denken, einwirken können? Und wie soll umgekehrt der Geist auf die ausgedehnte Substanz einwirken? [AT III 661 f.] In einem ausführlichen Antwortschreiben vom 21. Mai 1643 argumentiert Descartes, dass wir uns die Interaktion zwischen Leib und Geist nicht wie das Verhältnis zweier Körper vorstellen dürfen, die einander berühren und aufeinander einwirken. Vielmehr gehöre die Idee der Einheit von Leib und Geist zu den Ideen, deren wir uns bewusst sind, wann immer wir unseren Leib bewegen. Diese primitive Idee betreffe nur die Einheit von Leib und Geist, sie sei aber auch falsch angewandt worden, z. B. auf das Verhältnis eines materiellen Körpers zu seiner Schwere. Falsch daran ist die Vorstellung, dass sich in einem Körper Schwere befinde, richtig hingegen die Vorstellung, dass die Schwere nicht wie etwas Fremdes auf einen Körper wirke, sondern in ursprünglicher Einheit mit ihm wirke. Ebenso wirke der Geist in ursprünglicher Einheit auf den Leib und der Leib auf den Geist ein [AT III 665–7]. Es ist umstritten, ob Descartes auf die Nachfragen der gelehrten Prinzessin eine befriedigende Antwort hat geben können oder nicht. Auf jeden Fall stellt der Dualismus ein schwer zu verdauendes Lehrstück in Descartes' Philosophie dar, das wiederholt Kritik und Spott auf sich gezogen hat. Man kann sich jedoch die Frage stellen, welches Motiv sich in Descartes' Dualismus Ausdruck verschafft. Warum möchte Descartes den menschlichen Geist bzw. das menschliche Denken als etwas vom Körper Unabhängiges verstehen? Das Motiv für diese Unabhängigkeit besteht einmal mehr im Streben nach Autonomie, nach vernünftiger Selbstbestimmung. Denn Mensch zu sein bedeutet für Descartes natürlich nicht, gespalten zu sein, sondern vielmehr frei seinen Intellekt und seinen Willen zu gebrauchen und beides zum Maßstab eigenen Denkens und Tuns zu machen.

Die Seele und ihre Leidenschaften

Trotz der angestrebten Autonomie gegenüber Tradition, Kultur und Gemeinschaft war sich Descartes bewusst, dass er die individuelle, methodische Suche nach Wissen im Kontext einer bestehenden Gemeinschaft unternimmt und dass es durchaus geschehen kann, dass seine Untersuchungen ihn in Konflikte mit dieser Gemeinschaft führen können. Die Ausübung epistemischer Autonomie muss sich deshalb mit der Gemeinschaft arrangieren, um Aussicht auf Erfolg zu haben. Zu diesem Zweck entwickelt Descartes im dritten Teil des *Discours* die berühmte Lehre von der *provisorischen Moral.* Warum ist diese Moral nur provisorisch und nicht definitiv? In der Einleitung zur französischen Ausgabe der *Principia* (1647) stellt Descartes seine Vorstellung des vollständigen Gebäudes des Wissens mithilfe des Bildes eines Baums dar. Die Wurzeln des Baums stehen für die Methode, der Stamm für die Metaphysik, die kräftigsten Äste für Physik, Medizin und Moral. In Descartes' Bild kann die vollkommene Moral offensichtlich erst formuliert werden, wenn die metaphysischen und naturwissenschaftlichen Wahrheiten systematisch gesichert worden sind. Die Moral baut also auf grundlegenden Wissenschaften auf, sie stellt den Gipfel systematischer Erkenntnis dar, die letzte Stufe der Weisheit. Interessanterweise ist die Moral in diesem Bild keine autonome Disziplin, sondern von anderen Erkenntnissen abhängig.

Nun wird klar, warum Descartes zunächst lediglich ein moralisches Provisorium errichten kann. Am Anfang seiner Untersuchungen sind die Grundlagen für die vollkommene Moral noch nicht gefunden, also braucht er vorläufige Regeln, denen er aus Klugheitsgründen folgen kann. Die vier Regeln dieser provisorischen Moral lauten:

1. Halte dich an die Gesetze und Bräuche deines Landes und akzeptiere die Religion, mit der Du aufgewachsen bist.
2. Halte konsequent an Deinen Entschlüssen fest, auch wenn Du noch kein sicheres Wissensfundament für diese Entschlüsse hast.

3. Versuche nicht das Schicksal oder die Welt, sondern Dich und Deine Wünsche und Emotionen unter Kontrolle zu haben.
4. Schule mit aller Kraft Deinen Verstand und strebe auf methodische Weise nach Wahrheit.

Gegen die These, dass das grundlegende Motiv in Descartes' Philosophie die epistemische Autonomie des Subjekts sei, könnte man nun einwenden, dass die erste Regel geradezu das Gegenteil von Autonomie einfordere, nämlich die Anerkennung der Autorität bestehender Traditionen und Institutionen. Allerdings muss man bedenken, dass diese Regel lediglich provisorischen Charakter hat und dass es sich um eine Klugheitsregel handelt. Die provisorische Moral besagt, dass es klug ist, bestimmten Regeln zu folgen, wenn man die systematische Suche nach Wissen in möglichst großer Unabhängigkeit von äußeren Einflüssen und ohne Konflikte mit der Gemeinschaft voranbringen möchte. Sie widerspricht deshalb weniger der Autonomie, als dass sie deren Instrument ist. Besondere Aufmerksamkeit verdient die dritte Regel, nicht das Schicksal oder die Welt, sondern sich selbst und seine Wünsche und Emotionen unter Kontrolle zu halten. Descartes hat nirgends in seinen Schriften aufgezeigt, wie die vollkommene Moral aussehen könnte. Auf die Frage, warum er sich nicht entschiedener zur Moral äußere, antwortet er in einem Brief vom 20. November 1647, dass es dafür zwei Gründe gebe. Erstens könnten böswillige Menschen darin leicht einen Vorwand finden, um ihn anzuschwärzen; zweitens sei er der Überzeugung, dass nur souveräne Herrscher das Recht hätten, das Leben anderer Menschen zu regulieren [AT V 86f.].

Descartes hat dennoch ausführlich dargelegt, wie die dritte Regel zu verstehen ist. Diese Ausführungen finden sich in den *Passions de l'âme*. Dieses Werk geht wesentlich auf Anregungen von Prinzessin Elisabeth zurück. Das Manuskript lag ihr 1646 zum ersten Mal vor. Im Briefwechsel mit Elisabeth geht es also nicht allein um metaphysische Fragen des Verhältnisses von Körper und Geist, sondern auch um praktische Probleme in diesem Verhältnis. Descartes versteht diese praktischen Probleme als moralische, geht es doch um die Gesundheit des Körpers und der Seele mit dem Ziel der Aufrechterhaltung von Zuversicht und Glück trotz Erschütterung und Leid. Das Ziel der Ethik besteht in der Erlangung einer Weisheit, der es im Umgang mit verstörenden äußeren Einflüssen gelingt, Ruhe zu bewahren und Glück zu erlangen. Offenbar vertritt Descartes eine traditionelle, auf die Antike zurückgehende Auffassung von Ethik als therapeutischer Lebensführung. Die Moral heilt die Leiden der Seele, die Medizin hingegen jene des Körpers. Deshalb sind Moral und Medizin zwei wichtige Äste am Wissensbaum. Wie in der antiken Tradition, insbesondere in der stoischen Philosophie, kommt dabei dem Umgang mit heftigen Leidenschaften eine zentrale Rolle zu. Unsere Seelenruhe und unser Glück werden nicht direkt durch äußere Vorfälle zerrüttet, sondern in erster Linie durch unsere emotionalen Reaktionen auf sie. Deshalb nehmen Emotionen wie Trauer, Angst oder Melancholie viel Raum ein im Briefwechsel zwischen Descartes und der durch Verlust und Krankheit gezeichneten Prinzessin. Wie kann man auf diese emotionalen Erschütterungen reagieren und zugleich ein hohes Maß an Ruhe, Zufriedenheit und letztlich Glück erhalten?

Descartes empfiehlt einen zweistufigen Umgang mit destruktiven Leidenschaften. Zunächst soll man seine Sinne und seine Einbildung von den heftigen Leidenschaften und ihren Ursachen ablenken und sich auf Dinge konzentrieren, die Freude oder Zufriedenheit bieten. Der Effekt dieser kognitiven Therapie besteht in einer Rückwirkung der positiven auf die negativen Leidenschaften, ja selbst auf körperliche Beschwerden. Descartes erwähnt Elisabeth gegenüber, dass diese kognitive Therapie in seinem Fall dazu geführt habe, die prekäre gesundheitliche Disposition seiner Jugendjahre, in der die Ärzte die Ursache für ein kurzes Leben gesehen hatten, erfolgreich zu überwinden.

Allerdings können Ablenkung und Umdeutung negativer Emotionen nicht immer gelingen, manchmal müssen diese direkt ins Auge gefasst werden. Das ist die zweite Stufe des Umgangs mit den Leidenschaften. Descartes vertritt die Auffassung, dass dieser aus der Perspektive des Intellekts und des Willens zu geschehen habe. Sind die Leidenschaften aber erst einmal in aller Heftigkeit da, ist es zu spät. Es bedarf der vorgängigen Übung. Das Ziel dieser Übung sei die Erlangung subjektiven Glücks, d.h. einer inneren Zufriedenheit, die sich nicht den glücklichen Umständen, sondern der eigenen Leistung verdankt. Zentral für diese Leistung sind die Tugenden, die in dem freien und festen Willen bestehen, alles, was wir als gut beurteilen, möglichst herbeizuführen und unsere Kräfte möglichst in die Ausbildung dieses Urteilsvermögens zu investieren. Um Situationen, die uns subjektiv als schlimm erscheinen, und Emotionen, die uns subjektiv verstören, mit gesundem Urteil entgegenzutreten, stellt Descartes eine überraschend traditionelle und kurze Liste von Wahrheiten auf, die helfen sollen, Herr über unsere Leidenschaften zu werden. Zu ihnen gehören die Existenz eines allmächtigen und vollkommenen Gottes, die Unsterblichkeit der Seele, die schiere Größe des Universums und unsere relative Bedeutungslosigkeit darin sowie unsere Pflichten gegenüber einer größeren Gemeinschaft, deren Teil wir sind.

Diese Wahrheiten haben offenbar die Funktion, unser subjektives Schicksal in einen größeren Zusammenhang zu stellen. Denn die Leidenschaften, so Descartes, haben allesamt die Tendenz, ihre Objekte über Gebühr zu vergrößern. Unser Begehren verleiht einem Objekt mehr Wert, als es tatsächlich besitzt, und unsere Angst verleiht einem Objekt mehr Schrecken, als es in Wirklichkeit hat. Dabei handelt es sich sozusagen um einen optischen Trick, welchen die Leidenschaften anwenden, um uns zum Handeln zu bewegen. Denn die Aufgabe der Leidenschaften ist das Überleben, sie sollen unserem Körper zuführen, was ihm dienlich ist, und fernhalten, was ihm schadet. Damit dies gelingt, übertreiben die Leidenschaften bisweilen maßlos. Demgegenüber muss die Vernunft den wahren Wert der Objekte der Leidenschaften und den Nutzen der Leidenschaften für Körper und Geist beurteilen können. Nur so bleibt der Wille frei und unabhängig von den Übertreibungen der Leidenschaften. Ebenso wie in den *Meditationes* betont Descartes auch in den *Passions*, dass der freie Wille unser höchstes Gut sei, weil er uns in gewisser Weise Gott annähere [*Passions* § 152, AT XI 445].

Deshalb können wir uns selbst und andere jenseits aller Unterschiede in Klasse, Geschlecht und sozialer Stellung darin schätzen, dass wir uns allein unserem frei gefällten Urteil mit Beharrlichkeit und Konsequenz unterwerfen. Dieses Leitideal der Wertschätzung des freien Willens in sich selbst und in anderen nennt Descartes «générosité», was man sowohl mit «Selbstachtung» als auch mit «Großmut» übersetzen muss.

Am Schluss der *Passions* fasst Descartes seine Position mit den folgenden Worten zusammen:

> Die Weisheit dient hier vor allem dazu, dass sie uns lehrt, Herren unserer Leidenschaften zu sein und sie mit so viel Geschick zu behandeln, dass die Leiden, die sie uns verursachen, erträglich bleiben, und sogar zu einer Quelle der Freude werden können. [*Passions* § 212, AT XI 488]

Wie im Bereich der Suche nach Wissen, ist auch im Bereich der Moral die epistemische Autonomie des Subjekts das grundlegende Motiv bei Descartes. Die Leidenschaften verstören uns, weil sie die Bedeutung ihrer Objekte übertreiben. Wollen wir gegenüber den Anmaßungen der Leidenschaften unabhängig bleiben, müssen wir einen Weg finden, unsere epistemische Autonomie zu erhalten, die darin besteht, frei unseren Intellekt zu gebrauchen und ihn zum Maßstab unseres Wollens zu machen.

Descartes gilt im Bereich der theoretischen Philosophie (Erkenntnis, Metaphysik, Geist) und im Bereich der Naturwissenschaft zu Recht als großer Neuerer, allerdings behält er im Bereich der praktischen Philosophie (Moral) die durchaus traditionelle Ansicht bei, dass die Philosophie Hilfestellung im Umgang mit den Leidenschaften und in der Erlangung des individuellen Glücks zu leisten habe. Doch in beiden Bereichen ist das Ideal der epistemischen Autonomie des Subjekts das treibende Motiv für Descartes' Philosophie.

Dieses Ideal schlägt sich auch in Descartes' Leben nieder. Bereits 1630 hatte er sich in den Niederlanden niedergelassen. Die protestantischen Niederlande boten im 17. Jh. nicht nur eine anregende intellektuelle Landschaft mit hervorragenden Universitäten, Bibliotheken und Gelehrten, dort wusste sich Descartes auch außerhalb der Einflusssphäre der katholischen Autoritäten. Er hatte sich der Verteidigung des heliozentrischen Systems des Nikolaus Kopernikus (1473–1543) angeschlossen, der Galileo Galilei (1564–1641) im *Dialogo sopra i due massimi sistemi del mondo* (*Dialog über die zwei wichtigsten Weltsysteme*, 1632) eine beredte Stimme gegeben hatte. Der Prozess gegen Galilei und seine Verurteilung durch die katholische Kirche im Jahr 1633 hatten auf Descartes einen Schock ausgeübt, und er fürchtete ein vergleichbares Schicksal. Allerdings blieb er auch in den Niederlanden nicht von Angriffen verschont. So attackierte der einflussreiche Theologe und spätere Rektor der Universität Utrecht Gisbert Voetius (1588–1676) einen Anhänger von Descartes, den Mediziner Henricus Regius (1598–1679), weil dieser mit seinen cartesianischen Lehren gegen bestimmte Lehren der Kirche verstoße. Insbesondere hatte ein Student von Regius anlässlich einer Disputation im Jahr 1641 die These vertreten, dass Seele und Körper eine nur akzidentielle Einheit darstellen würden. In Anbetracht der christlichen Lehren der Unsterblichkeit der Seele und der leiblichen Auferstehung eine heikle Behauptung. Descartes sah sich in eine Kontroverse verwickelt, in der er auch persönlich angegriffen wurde und in deren Verlauf sich ein Bruch zwischen ihm und Regius vollzog.

1646 trat eine weitere Philosophin mit Descartes in einen schriftlichen Austausch, Königin Christine von Schweden (1626–89). Die Königin lud den Philosophen nach Stockholm ein, mit dem Auftrag, Statuten für eine Königliche Akademie der Wissenschaften zu entwerfen. 1649 siedelte Descartes nach Schweden über, bereute aber schon bald seine Entscheidung, weil er die Winter unterschätzt hatte, die, wie er bissig schreibt, so harsch sind, dass die Gedanken der Menschen wie das Wasser gefrieren [AT V 467]. Auch die Philosophielektionen, die der Langschläfer der Königin zu früher Stunde erteilen musste, waren seiner Stimmung und seiner Gesundheit wenig zuträglich. Im Januar 1650 erkrankte Descartes offenbar an einer ernsthaften Lungenentzündung und starb am 11. Februar 1650 im Alter von 53 Jahren in Stockholm.

2. Hobbes: Bürgerkrieg und Naturzustand

Thomas Hobbes (1588–1679) wurde im Jahr der Versenkung der spanischen Armada geboren. Niemand konnte den Untergang der gewaltigen spanischen Kriegsflotte ahnen, vielmehr befand sich England in größter Angst vor der katholischen Übermacht. Deshalb schrieb Hobbes rückblickend, er und die Angst seien als Zwillinge geboren worden. Die Angst sollte seinen Lebenslauf auch weiterhin bestimmen, fiel doch ein großer Teil seines Lebens mit dem englischen Bürgerkrieg zusammen.

Nach dem Studium in Oxford hatte Hobbes zuerst das Glück, Tutor von William Cavendish (1590–1628) zu werden. Er begleitete ihn auf den Kontinent und ins Englische Parlament. Auch nach dem frühen Tod seines Zöglings blieb Hobbes mit dem Geschick der königstreuen Familie Cavendish verbunden. Durch die enge Vertrautheit mit den politischen Spannungen in England rechnete er bereits Ende der 1620er Jahre damit, dass der Konflikt zwischen Krone und Parlament und die tiefen konfessionellen Klüfte England in einen Bürgerkrieg stürzen würden. Tatsächlich brach der Bürgerkrieg 1642 aus und endete 1649 mit der Enthauptung des englischen Königs. Nach einer republikanischen Phase, die durch Kriege in Irland und Schottland gekennzeichnet war, übernahm 1653 Oliver Cromwell (1599–1658) als Lordprotektor die Macht. 1660 wurde der Sohn des enthaupteten Monarchen als König Karl II. eingesetzt, was den Beginn der Restauration durch das Haus Stuart markierte. Allerdings hatte das Parlament eine kaum mehr rückgängig zu machende Stärkung erlebt. Die Versuche, Absolutismus und Katholizismus wieder zur Geltung zu bringen, mündeten in die «Glorreiche Revolution» von 1688/89, die zur Wahl Wilhelms von Oranien-Nassau (1650–1702) zum englischen König und zur Teilung der Souveränität zwischen Parlament und

Krone führte. Diese bis heute geltende Etablierung der konstitutionellen Monarchie in England wurde in der *Bill of Rights* (1689) verankert, Vorbild der Verfassung der Vereinigten Staaten (1787) und der *Erklärung der Menschen- und Bürgerrechte* (1789).

Hobbes verbrachte die Jahre von 1640 bis 1652 im Exil in Frankreich und den Niederlanden. Seine wichtigsten Werke entstanden in diesem Zeitraum. 1640 zirkulierte das Manuskript *Elements of Law* (*Elemente des Rechts*). 1642 erschien der dritte Teil seiner *Elementa philosophiae* (*Elemente der Philosophie*), *De cive* (*Vom Gemeinwesen*), 1655 folgte der erste Teil *De corpore* (*Vom Körper*) und erst 1658 der mittlere Teil *De homine* (*Vom Menschen*). Hobbes' berühmtestes Werk jedoch ist der *Leviathan or the Matter, Forme and Power of a Commonwealth Ecclesiastical and Civil* (*Leviathan oder Stoff, Form und Gewalt eines kirchlichen und staatlichen Gemeinwesens*, 1651). Eine lateinische Fassung erschien 1668. Nach seiner Rückkehr nach England ließ sich Hobbes in Dispute über Politik, Religion und Wissenschaft verwickeln. 1675 zog er sich aus der Öffentlichkeit zurück und arbeitete an der Übersetzung der Homerischen Epen. Er starb 1679 im hohen Alter von 91 Jahren.

Nicht nur große Teile der genannten philosophischen Schriften, auch seine historischen Werke handeln direkt oder indirekt vom Bürgerkrieg. Eindringlich verbindet Hobbes in seiner Geschichte des Parlaments (*Behemoth*, 1679) seine Sicht auf die historischen Ereignisse des Bürgerkriegs mit der zentralen Botschaft seiner politischen Philosophie: Die Religion muss durch den Staat kontrolliert werden und Macht und Autorität des staatlichen Souveräns müssen absolut sein, andernfalls droht Bürgerkrieg. Die Verhinderung solcher Kriege ist das bestimmende Motiv seiner politischen Philosophie. Das einzige Mittel, solchen Konflikten zu entkommen und ein Gemeinwesen zu sichern, ist in Hobbes' Augen die Institutionalisierung einer ungeteilten staatlichen Macht, die in politischen, aber auch ideologischen und wissenschaftlichen Dingen das letzte Wort haben muss.

Die Autonomie der politischen Philosophie

Für Hobbes war es zuerst dringend erforderlich, eine eigenständige «Wissenschaft der Politik» (*science of politics*) zu errichten, die auf eigenen Beinen und dem festen Boden der Tatsachen, statt auf dem schwankenden Grund der Parteimeinungen stehen konnte. Hobbes war der Überzeugung, als Erster eine Wissenschaft der Politik entwickelt zu haben. In Anlehnung an die euklidische Geometrie, die er einer Anekdote zufolge während seiner Italienreise kennen und lieben gelernt hatte, sollten sich politische Prinzipien mit vergleichbarer Sicherheit finden wie sich geometrische Sätze von Axiomen ableiten lassen. Hobbes war sich im Klaren darüber, dass die Politik als Wissenschaft nicht den Grad an deduktiver Gewissheit der Geometrie erreichen kann, sie muss diesem Ideal dennoch nachstreben. Auch deshalb sollte die Geometrie Modell der politischen Wissenschaft werden, weil sie jenseits der Ambitionen, Vorteile und Neigungen von Menschen liegt [*Leviathan* 1.11.22]. In Übereinstimmung mit Descartes' Ideal der epistemischen Autonomie bemerkt Hobbes bissig, wer sich auf die Gewohnheit verlasse, sei nicht besser als ein kleines Kind, dem als Regeln guten und schlechten Verhaltens nichts als die Sanktionen seiner Eltern und Schulmeister zur Verfügung stehen [ebd.].

Das System, das er in seiner Trilogie *Elementa philosophiae* entwirft, entspricht folgendem Vorgehen: Der dritte Teil handelt von der Natur und den politischen Gesetzen des Gemeinwesens, wobei der politische Körper aus Menschen besteht; deshalb handelt der zweite Teil von der Natur und den psychischen Gesetzen der Menschen, wobei der menschliche Körper letztlich nichts anderes als ein Teil des physischen Universums ist; deshalb handelt der erste Teil von der Natur und den physischen Gesetzen der Körper. Hobbes vertritt eine mechanistische und materialistische Auffassung der Welt. Bewegung ist die allgemeine Ursache für alle Arten der Veränderung in einem materiellen Universum. Die Bewegungen folgen spezifischen Gesetzen. Die Geometrie ist die Konstruktion von Figuren durch die Bewegung von Punkten. So wird etwa die Figur des Kreises konstruiert, indem man einen Punkt auf einer Ebene in gleichbleibendem Abstand um einen ruhenden Punkt herumbewegt. Diese Bewegungen werden mittels Konstruktionsgesetzen reguliert. Die Physik behandelt die naturgesetzliche Bewegung von Körpern. Die Anthropologie behandelt die Bewegungen der Psyche durch die Leidenschaften. Die Politik schließlich handelt von Bewegungen der Menschen, insofern sie zur Institutionalisierung eines Gemeinwesens führen.

Im *Leviathan* hebt Hobbes hervor, dass sich die Physik mit der Natur und den Veränderungen der Körper befasse, die Politik aber mit den Rechten und Pflichten von Herrscher und Untertan, sodass sich die politische Philosophie doch in relativer Unabhängigkeit verstehen lasse. Dies sollte man bedenken, wenn man gegen Hobbes den oft erhobenen Vorwurf wiederholt, dass sich aus den materialistischen Grundlagen seiner Naturphilosophie keine normativen Forderungen ziehen lassen. Bei genauer Betrachtung tut Hobbes das auch nicht. Der *Leviathan* steht ohne unmittelbaren Bezug zur materialistischen Metaphysik und stellt die politische Philosophie als eine autonome Wissenschaft dar. Die Politik sollte als Wissenschaft weder auf Physik noch Theologie aufbauen, sondern vielmehr wie die Physik eine selbständige Wissenschaft sein. Selbst die Anthropologie der ersten zehn Kapitel des *Leviathan*, die vom Menschen und seinen Leidenschaften und Fähigkeiten handeln, ist auf ihre Funktion zugeschnitten, Ausgangspunkt der politischen Theorie zu sein.

Naturzustand und Selbsterhaltung führen zum Vertrag

Hobbes legt im *Leviathan* ein epochemachendes Modell für das politische Denken vor, das Vertragsmodell. Er gilt als Begründer der modernen politischen Vertragstheorie (Kontraktualismus), die ein Verständnis des Wesens, des Zwecks und der Rechtfertigung des Staates nach wissenschaftlichen Prinzipien liefern soll. Im Zentrum dieses Modells steht die Idee eines Vertrags, den Individuen zu ihrem gegenseitigen Schutz und Nutzen abschließen. Mit diesem Vertrag wird eine staatliche Autorität errichtet, deren Zweck es ist, die Existenzbedingungen der Vertragspartner zu garantieren.

Das wichtigste Axiom in Hobbes' politischer Philosophie ist die Idee der individuellen Selbsterhaltung. Aufgrund äußerer Eindrücke formen Menschen Wünsche und Abneigungen. Was den Wünschen entspricht, ist ein Gut, was den Abneigungen entspricht, ein Übel. Entsprechend diesen Gemütsbewegungen setzen die Menschen ihre Vernunft ein, um zu erlangen, was sie als ein Gut betrachten, um zu meiden, was sie als Übel betrachten, oder abzuwägen, wie viel Übel sie für ein Gut in Kauf nehmen sollen. Letztlich sind Güter dasjenige, was der Selbsterhaltung dient, Übel hingegen bewirken das Gegenteil. Mit anthropologischer Notwendigkeit streben Menschen deshalb nach Selbsterhaltung. Die Selbsterhaltung ist für Hobbes jedoch nicht allein eine anthropologische Tatsache, sondern auch ein Recht, das jedem Menschen im Naturzustand zukommt.

Den Naturzustand konstruiert Hobbes als Zustand, in dem jeder Mensch auf sich gestellt nach Selbsterhaltung strebt und streben darf. Hobbes ist allerdings nicht der Ansicht, dass er hier einen realen vorstaatlichen Zustand abbildet. Es geht ihm vielmehr um die Konstruktion eines Zustands, in dem sich menschliche Individuen ohne kulturelle und politische Institutionen gegenüberstehen. Dass Hobbes' Naturzustand von Individuen und nicht von Familien bevölkert ist, verweist deutlich auf dessen konstruktiven Charakter. Andererseits hat der Naturzustand ausreichend Ähnlichkeit mit politischen Zuständen, wie sie für reale Bürgerkriege charakteristisch sind. So charakterisiert Hobbes den Naturzustand als einen «Krieg aller gegen alle». Damit ist nicht allein gemeint, dass jedes Individuum aufgrund der Selbsterhaltung das natürliche Recht hat, andere zu berauben, zu verletzen oder zu töten, sondern mehr noch, dass alle sich in stetiger Angst befinden, an Leib und Leben bedroht zu werden. Der Krieg aller gegen alle besteht in Gewalthandlungen und in ihrer anhaltenden Möglichkeit. Das ist ein wenig wünschenswerter Zustand, wie Hobbes an einer berühmten Stelle im *Leviathan* beredt zum Ausdruck bringt:

> In einem solchen Zustand ist für Fleiß kein Raum, da man sich seiner Früchte nicht sicher sein kann; und folglich gibt es keinen Ackerbau, keine Schifffahrt, keine Waren, die auf dem Seeweg eingeführt werden, keine bequemen Gebäude, keine Geräte, um Dinge, deren Fortbewegung viel Kraft erfordert, hin- und her zu bewegen, keine Kenntnis von der Erdoberfläche, keine Zeitrechnung, keine Künste, keine Literatur, keine gesellschaftlichen Beziehungen, und es herrscht, was das Schlimmste von allem ist, beständige Furcht und Gefahr eines gewaltsamen Todes – das menschliche Leben ist einsam, armselig, hässlich, tierisch und kurz. [*Leviathan* 1.13.9]

Ein solcher Zustand ist ein Übel, das um jeden Preis vermieden werden muss, weil anders Selbsterhaltung und Glück nicht möglich sind. Jede Ordnung ist besser. Zusammen mit dem natürlichen Recht auf Selbsterhaltung – dem Streben nach Glück – stellt dieser negative Imperativ den normativen Ausgangspunkt dar. Mit seiner Konzeption des Naturzustands revolutioniert Hobbes nicht nur die Zukunft, sondern auch die Vergangenheit der politischen Philosophie. Das traditionelle Naturrecht nämlich nennt primär Pflichten, die vom göttlichen Willen erlassen und für die menschliche Vernunft erkennbar sind. Bei Hobbes gibt es im Naturzustand nur noch das natürliche Recht (*natural law*), nämlich die Freiheit eines jeden, sein Leben zu erhalten und dafür zu tun, was beliebt. Es handelt sich um ein Recht auf alles. Allerdings finden sich im Naturzustand auch natürliche Gesetze (*laws of nature*). So folgt aus dem Recht der Selbsterhaltung, dass man allem zustimmen soll, was der Selbsterhaltung dient. Da der Krieg aller gegen alle die Selbsterhaltung eines jeden bedroht, ergibt sich daraus ein Gebot der Suche nach Frieden bereits im Naturzustand [*Leviathan* 1.14].

Absolute Souveränität, Vorbehalte und Religion

Der Naturzustand wird überwunden durch einen Vertrag. Eine zweite Möglichkeit des Verlassens des Naturzustands besteht in der Unterwerfung unter ein anderes Gemeinwesen. Der Vertrag hat den Zweck der zuverlässigen Überwindung des Krieges aller gegen alle. Im Vertrag verzichten alle auf ihr Recht auf alles. Dadurch wird der Souverän geboren. Er ist ein künstliches Produkt des Vertrags. Hobbes nennt ihn einen «sterblichen Gott» [*Leviathan* 2.17]. Er übernimmt das von allen abgetretene Recht auf alles und erhält so Gewalt über alle, die dadurch seine Untertanen werden. Daraus folgt, dass der Souverän nicht an den Vertrag gebunden ist, weil dieser ja in der Abtretung des Rechts auf Selbsterhaltung besteht. Hobbes fasst den Souverän auch als eine durch die Untertanen autorisierte Instanz auf [*Leviathan* 1.16]. Erstaunlicherweise autorisieren die Vertragschließenden den Souverän beinahe uneingeschränkt, aber eben nur beinahe. Der Souverän übernimmt die Aufgabe der Friedenssicherung und der Verhinderung des Bürgerkriegs durch Gesetze und durch Gewaltmittel. Der Souverän darf aber nur strafen, wo ein Gesetz gebrochen worden ist, ohne Gesetz keine Strafe. Außerdem dürfen Untertanen nicht gezwungen werden, gegen ihre Selbsterhaltung zu verstoßen. Der Souverän kann die Untertanen nicht zwingen, sich das Leben zu nehmen oder sich verletzen zu lassen; zudem darf der Untertan desertieren, wenn der Krieg nicht im Dienst der Erhaltung des Gemeinwesens steht.

Hobbes beharrt auf einer ungeteilten Ausübung der Souveränität und plädiert deshalb für einen absolutistischen Staat [*Leviathan* 2.18]. Dies verhindert nicht nur Zwistigkeiten in der Staatsführung durch Teilung der Souveränität [*Leviathan* 2.29], sondern erhöht auch die Effizienz des Staatsapparats. Weil der absolute Souverän nicht an den Vertrag gebunden ist, steht er auch außerhalb der gesetzlichen Ordnung. So kann er vom Untertan nicht belangt werden, was die oben angedeuteten ‹Widerstandsrechte› – oder besser: ‹Vorbehalte› – deutlich schwächt, weil sie nicht einklagbar sind. Außerdem leidet eine absolutistische Herrschaft stets unter dem Problem der Nachfolgeregelung [*Leviathan* 2.19].

Ein großer Teil des *Leviathan* – zwei der insgesamt vier Bücher – ist der Religion gewidmet. Es ist umstritten, wie Hobbes' Verhältnis zur Religion zu deuten ist. Viele Zeitgenossen geißelten ihn als finsteren Atheisten. Allerdings bringt Hobbes bisweilen Gottesbeweise vor und reflektiert über die Unerkennbarkeit Gottes. Die entscheidende Frage in der politischen Philosophie ist jene nach dem Verhältnis zwischen Religion und Staat. Was es Hobbes zufolge abzuwehren gilt, sind die Hegemonieansprüche der katholischen Kirche – deren «Reich der Finsternis» das ganze vierte Buch gewidmet ist – sowie die Herrschaftsansprüche puritanischer Theokratien. Hobbes plädiert für eine Zivilreligion, d.h. für eine Religion mit einem Minimum an verpflichtenden Dogmen – nämlich dem Satz, dass Jesus der Erlöser sei [*Leviathan* 3.42] – und einem Maximum an Freiräumen des religiösen Gewissens innerhalb der Grenzen der Machtausübung des Souveräns.

Hobbes war zutiefst beeindruckt von drei Kräften, welche die Entwicklung der Philosophie der Neuzeit prägten: Religionskriege, Naturwissenschaft und Mathematik. Er darf ohne Übertreibung als Revolutionär in der Geschichte des politischen Denkens gelten. Anders als Aristoteles sah er den Menschen nicht als ein von Natur aus politisches Wesen, sondern als ein von der Natur zur Politik gezwungenes Wesen. Wegen seiner materialistischen Naturphilosophie und seiner auf Selbsterhaltung aufbauenden politischen Philosophie wurde Hobbes zur *bête noir* der neuzeitlichen Philosophie und sah sich heftigen Anfeindungen ausgesetzt. Zudem vertrat er einen strikten Nominalismus in der Sprachphilosophie, eine Theorie des Denkens als Rechenprozess sowie eine konstruktiv-empiristische Wissenschaftsphilosophie. Seine politische Philosophie übte einen erheblichen Einfluss auf Spinoza aus, der in seinem politischen Denken ebenfalls die Selbsterhaltung zum einzigen natürlichen Recht erklärte, aber die Idee des Vertrags schließlich fallen ließ. Die Rezeption von Hobbes' politischer Philosophie blieb jedoch weitgehend kritisch.

3. Spinoza: Substanzmonismus

Mit Baruch de Spinoza tritt der erste bedeutende Philosoph der frühen Neuzeit mit jüdischen Wurzeln auf die philosophische Bühne. Spinoza wurde am 24. November 1632 in Amsterdam geboren. Seine Eltern waren Mitglieder der Gemeinde sephardischer Juden, die seit 1537 in den damals noch spanischen Niederlanden siedeln und seit 1619 ihre Religion in orthodoxer Form offen ausüben durften. Spinozas Vater war ein angesehener Kaufmann, und er selbst verbrachte die ersten gut 20 Jahre seines Lebens fest verankert im jüdischen Gemeindeleben des liberalen Amsterdam. Als sein Vater 1654 starb, übernahm Spinoza dessen Geschäft und belegte gleichzeitig Lateinstudien an der Schule des ehemaligen Jesuiten und Freidenkers Franz Van den Enden (1602–74), an der er vermutlich mit der cartesischen Philosophie in Kontakt kam. Beide Tätigkeiten brachten ihn mit Christen in Kontakt, die sich ihrerseits von der orthodoxen kirchlichen Lehre abgewendet hatten. Innerhalb vergleichsweise kurzer Zeit scheint Spinoza sich von der jüdischen Orthodoxie so weit entfernt und naturalistischen, monistischen Vorstellungen zugewandt zu haben, dass er am 27. Juli 1656 mit schärfsten Worten und ohne Aussicht auf Wiedereingliederung exkommuniziert wurde.

Spinoza nahm 1659 ein Studium an der Universität Leiden auf, die damals ein Zentrum des Cartesianismus war. Seinen Lebensunterhalt verdiente er sich seit Beginn der 1660er Jahre mit dem Schleifen von Linsen, die von zeitgenössischen Wissenschaftlern (darunter Leibniz) für ihre Qualität geschätzt wurden. Zur selben Zeit verfasste er seinen *Tractatus de emendatione intellectu* (*Abhandlung über die Verbesserung des Verstandes*) und eine holländische Schrift mit dem Titel *Kurze Abhandlung von Gott, dem Menschen und dessen Glück*. Die erste publizierte Schrift folgte 1663 und war eine lehrbuchartige Darstellung der cartesischen Philosophie: *Renati Des Cartes Principiorum philosophiae* (*Descartes' Prinzipen der Philosophie*). Lediglich im Anhang erlaubte sich Spinoza die Formulierung eigener Gedanken zur Philosophie, wie wir sie zum Teil bereits im *Tractatus de emendatione intellectu* finden. Spinoza selbst verstand die Abhandlung über die *Principia* als Vorbereitung der Leser auf die radikaleren Gedanken, die er bereits 1665 in einem ersten Entwurf seines Hauptwerks, der *Ethica Ordine Geometrico demonstrata* (*Ethik nach der geometrischen Methode dargestellt*) ausformulierte. Ohne das Werk fertigzustellen, wandte er sich dann jedoch zunächst der politischen Philosophie und der Religionsphilosophie zu. In seinem *Tractatus Theologico-Politicus* (*Theologisch-Politische Abhandlung*, 1670) finden wir ein gewagtes Plädoyer für die Gedankenfreiheit und gegen den Einfluss religiöser Autoritäten, das heftige Reaktionen hervorrief und dessen Verbreitung man bald zu verhindern suchte.

Zu Beginn der 1670er Jahre unterzog er die *Ethik* einer grundlegenden Überarbeitung. Währenddessen erhielt er, völlig überraschend, 1673 einen Ruf auf eine Professur für Philosophie an die Universität Heidelberg. Er lehnte ab, weil er die Verpflichtung nicht eingehen wollte, in seinem Philosophieren auf die etablierte Religion Rücksicht zu nehmen. Die Arbeiten an der *Ethik* kamen 1675 zum Abschluss.

Am Ende gliedert sich das Werk in insgesamt fünf Bücher und wendet sich erst in Buch V ethischen Fragen im engeren Sinne zu, nachdem vorher eine umfassende Klärung grundlegender ontologischer und metaphysischer Fragen stattgefunden hat (Buch I und II) sowie eine Naturphilosophie (Buch II) und eine philosophische Psychologie als Affektenlehre begründet wurden (Buch III und IV). Die ganze Theorie wird ‹nach der geometrischen Methode› entwickelt, d.h. sie hat zumindest dem Anspruch nach eine streng deduktive Struktur, in der aus wenigen Definitionen und grundlegenden Axiomen die Lehrsätze deduktiv hergeleitet werden.

Vor einer Veröffentlichung des radikalen Werkes zu Lebzeiten schreckte Spinoza allerdings nach den Erfahrungen mit dem

Tractatus Theologico-Politicus zurück. Stattdessen arbeitete er an einem weiteren Werk zur politischen Philosophie, dem *Tractatus Politicus*, den er nicht mehr vollenden konnte. Er starb an einer Lungenkrankheit, vermutlich verstärkt durch den Staub der Linsenschleiferei, am 21. Februar 1677 in Den Haag, wo er seit 1669 gelebt hatte.

Bereits im Frühjahr des darauffolgenden Jahres wird die *Ethik* (zusammen mit dem *Tractatus de emandatione intellectu* und dem *Tractatus Politicus* sowie einem Werk zur hebräischen Grammatik) von Spinozas Freunden an den kirchlichen und staatlichen Autoritäten vorbei unter dem Titel *Opera Posthuma* gleichzeitig auf Lateinisch und Holländisch veröffentlicht. Die unmittelbaren offiziellen Reaktionen zeugten von Empörung; dennoch gab es auch begeisterte Leser wie den noch jungen Leibniz, der Spinoza zwei Jahre vorher in Amsterdam besucht hatte und nun das Werk gleich nach dem Erscheinen studierte.

Spinozas Kritik an Descartes

Was waren die wichtigsten Inhalte dieser Philosophie, die vielen damals so radikal erschien? Spinoza ist zunächst einmal ein Rationalist: Noch stärker als Descartes und so konsequent wie nach ihm nur Leibniz macht er die Vernünftigkeit der Wirklichkeit zur Grundlage seines Philosophierens. Diese Annahme ist insbesondere die Voraussetzung des zentralen methodologischen Prinzips des Rationalismus der frühen Neuzeit: des *Prinzips des zureichenden Grundes*. Dieses Prinzip besagt, dass es für alles, was der Fall ist, eine vollständige, vernünftig nachvollziehbare Erklärung (d.h. einen zureichenden Grund) geben muss.

Wie wichtig dieses Prinzip ist, versteht man am einfachsten, wenn man Spinozas Kritik an Descartes zum Ausgangspunkt der Überlegungen macht. Zwei miteinander verbundene Aspekte der cartesischen Philosophie sind es, die Spinozas Kritik besonders auf sich zogen: zum einen sein Substanzbegriff, zum anderen der Dualismus von Geist und Körper. Im Hinblick auf Letzteren fragt Spinoza, wieso das Verhältnis geistiger und körperlicher Zustände denn als Zustände verschiedener Substanzen aufgefasst werden muss: warum nicht als Zustände ein und derselben Substanz? Die von Descartes diagnostizierte Unvereinbarkeit von Ausdehnungseigenschaften und geistigen Eigenschaften ist allein kein zureichender Grund dafür, dass die beiden Eigenschaftsarten tatsächlich auf verschiedene Substanzen zutreffen müssen. Es würde, so beobachtet Spinoza, dafür ausreichen, dass die beiden ein und dieselbe Substanz unter verschiedenen Gesichtspunkten oder aus verschiedenen Perspektiven (*Attributen*) in ihrem Wesen charakterisieren. In der Tat unterscheidet auch Descartes solche Perspektiven oder Attribute – allerdings sind sie bei ihm untrennbar verknüpft mit der wesentlichen Verschiedenheit der so charakterisierten Substanz. Doch für diese zusätzliche Annahme liefert Descartes keine Begründung! Das Prinzip des zureichenden Grundes ist also verletzt.

Spinoza wird in seiner Kritik noch grundsätzlicher. Seiner Ansicht nach kann es eine solche Begründung nicht geben, weil Descartes mit einem defizitären Substanzbegriff arbeitet. Wir haben gesehen, dass Descartes an einen aristotelischen Substanzbegriff anknüpft. Ein wichtiger Aspekt dieses Substanzbegriffs ist, dass Substanzen wesentlich Subjekte der Prädikation (Träger von Eigenschaften) sind, selbst aber keine Eigenschaften sein können (Prädikationskonzeption); ein weiterer besteht allerdings darin, dass Substanzen kausal unabhängig von anderem existieren können (Unabhängigkeitskonzeption; vgl. Descartes *Principia* 1.51, AT 8A, 24). Spinoza wirft Descartes nun vor, den Begriff der Substanz falsch verstanden bzw. nicht konsequent angewendet zu haben, weil er endliche Substanzen zulässt.

Bei Spinoza ist Substanz gleich zu Beginn der *Ethik* definiert als dasjenige, was «in sich selbst ist und durch sich begriffen wird» [E1d3]. Und während Attribute wesentliche Eigenschaften dieser Substanz sind [E1d4], sind nicht-wesentliche Eigenschaften, Zustände oder Modifikationen (*Modi*) demgegenüber das, «was in einem anderen ist, durch das es auch begriffen wird» [E1d5]. Dass Substanzen dasjenige sind, was «in sich ist» und «in dem» Modi existieren, entspricht ganz der Prädikationskonzeption des Substanzbegriffs. Spinoza ist allerdings der Ansicht, dass die Unabhängigkeitskonzeption daraus folgt. Und das hängt mit dem zweiten Charakteristikum der Substanz zusammen: Sie soll das sein, was «durch sich begriffen wird». Worin genau besteht dieser Zusammenhang? Sein und Wissen (Begreifen) werden bei Spinoza in engster Abhängigkeit voneinander betrachtet: Wir *verstehen* Wirkungen grundsätzlich aus ihren Ursachen [E1ax4]: Wirkungen müssen deshalb etwas mit ihren Ursachen gemeinsam haben. Das, was keine Wirkung (und damit nicht «in einem anderen») ist, kann nur durch sich selbst begriffen werden. Es ist damit Substanz.

Im ersten Buch der *Ethik* versucht Spinoza zu zeigen, dass diese Deutung des Substanzbegriffs impliziert, dass es nur eine Substanz geben kann, die unendlich sein muss und die er mit einem ausdrücklich nicht personal verstandenen Gott identifiziert. Im Gegensatz zu Descartes, der verschiedene Substanzen postuliert (von denen allerdings auch nur eine einzige unendlich ist, nämlich Gott), ist Spinoza *Substanzmonist*: Der Begriff der Substanz impliziert, dass es nur eine einzige Substanz geben kann. Anhand dieser Argumentation soll hier das systematische Vorgehen Spinozas illustriert werden.

Um zu zeigen, dass es nur eine Substanz geben kann, stellt er zunächst fest, dass Substanzen nur durch ihre Attribute *oder* ihre Modifikationen (Zustände) in ihrem Wesen unterschieden (individuiert) werden können [E1p5]. Substanzen können aber grundsätzlich unabhängig von ihren Modi «durch sich selbst» begriffen werden, folglich können Modi für deren Individuation keine Rolle spielen [E1p5d]. Also muss eine Substanz durch ihre Attribute individuiert werden.

Im nächsten Schritt argumentiert Spinoza, dass es «zur Natur von Substanzen gehört zu existieren» [E1p7]: Substanzen sind nämlich Ursache ihrer selbst, d.h. ihre Natur schließt Existenz ein [E1d1]. Von einer anderen Substanz können sie nicht hervorgebracht werden, denn das würde voraussetzen, dass sie ein Attribut teilen, da das, was Wirkung ist (Hervorgebrachtes), mit seiner Ursache etwas teilen muss – es wird ja aus ihr verstanden. Wenn sie aber ein Attribut teilen, würde ein und dasselbe Attribut das ganze Wesen beider Substanzen – der hervorbringenden und der hervorgebrachten – ausdrücken. Die beiden Substanzen wären also nicht mehr voneinander unterscheidbar [E1p6d, E1p6c]. Also gehört es zur Natur von Substanzen zu existieren, sie sind Ursache ihrer selbst [E1d1].

Kommen wir zum letzten Schritt. Da Gott am Beginn der *Ethik* definiert wurde als diejenige Substanz, die aus unendlich vielen Attributen besteht [E1d6], und als Substanz von höchster Realität alle möglichen Attribute umfassen muss [E1p9], existiert Gott notwendig [E1p11]. Andere Substanzen können nun keine anderen Attribute haben als Gott, da sie sonst ein Attribut hätten, das Gott nicht hat, und Gott also zur höchsten Realität etwas fehlen würde. Jede andere Substanz müsste demnach ein Attribut mit Gott teilen, doch dann hätte sie das Wesen Gottes und wäre mithin Gott selbst. Damit ist die Überlegung zu Ende gebracht: Es kann nur eine Substanz geben, die zugleich alle Realität in sich begreift und daher charakterisiert ist durch unendlich viele Attribute, die allesamt ihr Wesen ausdrücken – und diese Substanz ist Gott. Da das Wesen Gottes ewig und unveränderlich ist und alle Realität enthält, existiert alles mit Notwendigkeit genau so, wie es existiert: Es hätte nicht anders sein können – und somit gibt es auch keine Zufälle (Nezessitarismus) [E1p29; E1p33].

Die göttliche Substanz, ihre Attribute und Modifikationen

Diese Überlegung hat unmittelbare Folgen für den cartesischen Substanzdualismus. Spinoza unterscheidet zwar auch Körper und Geist, verweist jedoch auf deren Charakter als Attribute. Weil Attribute allein aus sich erkannt werden und damit begrifflich wie kausal unabhängig voneinander sind [E1p10], kann jedes einzelne bereits das ganze Wesen einer Substanz sozusagen ‹auf seine Weise› ausdrücken, ohne dass sich daraus irgendwelche Folgen für andere Attribute derselben Substanz ergäben. Deshalb gibt es in Gott keinen Konflikt zwischen den unendlich vielen Attributen, die ihm zukommen. Zwei dieser Attribute sind auch uns Menschen zugänglich: nämlich die cartesischen

Attribute Ausdehnung und Denken. Die unvereinbaren cartesischen Eigenschaften von wesentlich ausgedehntem Körper und wesentlich denkendem Geist können damit als unterschiedliche Perspektiven auf ein und dieselbe Substanz konzipiert werden, die sich trotz ihrer Unvereinbarkeit nicht ausschließen.

All dies zeigt uns, dass der Gottesbegriff Spinozas mit einer personalen Gottesvorstellung nichts gemein hat. Gott oder die Substanz ist nichts von der geschaffenen Natur (*natura naturata*) Verschiedenes, die geschaffene Natur ist vielmehr nichts anderes als die Summe der Modifikationen Gottes, der diese Modifikationen ontologisch ermöglicht (*natura naturans*). Das ist der Kern von Spinozas Pantheismus.

Sofern alles, was ist, die göttliche Substanz qua Subjekt unendlich vieler verschiedener Modifikationen ist, können Einzeldinge und Personen nichts anderes sein als Bündel von Modifikationen der göttlichen Substanz. Und wie alle Modi Gottes sind auch die Modi, die uns und alle anderen Einzeldinge ausmachen, prinzipiell auf unendlich viele Weisen zu betrachten – für uns aber nur als ausgedehnt und denkend. Wir können also körperliche und geistige Wirklichkeit spinozistisch unterscheiden als Betrachtungsweise ein und derselben Modifikationen, die insgesamt die Modifikationen der göttlichen Substanz sind.

Wieder ganz und gar cartesisch ist die geistige Wirklichkeit für Spinoza konzipiert als die repräsentationale Welt der *Ideen*, die körperliche Welt als die *ausgedehnte* Welt, die der Untersuchungsgegenstand einer mechanistischen Naturwissenschaft ist. Ideen sind also für Spinoza nichts anderes als die Modi der Substanz, sofern wir sie unter dem Attribut des Denkens betrachten. Da das Attribut der Ausdehnung nur eine andere Betrachtungsweise derselben Substanz und derselben Modi darstellt wie das Attribut des Denkens, ergibt sich unmittelbar Spinozas *Identitätsthese*: Jeder Modus des Denkens ist identisch mit einem Modus der Ausdehnung [E2p7s].

Spinoza argumentiert nun, dass die beiden Attribute nicht nur dieselben Modi dieser Substanz charakterisieren, sondern recht verstanden auch selbst zwei Erklärungsprinzipien beinhalten, die bei aller Verschiedenheit doch eine grundsätzliche strukturelle Übereinstimmung aufweisen müssen. Wenn das Erklärungsprinzip der ausgedehnten, materiellen Perspektive auf die unendliche Substanz die *kausale* Verknüpfung ihrer Modi ist, so ist das Erklärungsprinzip der geistigen Wirklichkeit die Verknüpfung von *Grund und Folge*, die wir im Verstehen zugrunde legen. Sofern die beiden letztlich dieselbe Wirklichkeit (Substanz) beschreiben, müssen sie auch dieselbe Struktur abbilden. Die vernünftige und die kausale Struktur der Wirklichkeit müssen sich parallel zueinander verhalten, gerade weil sie dieselbe Substanz und deren Modifikationen aus verschiedenen Perspektiven beschreiben. Die Identitätsthese wird so ergänzt um eine *Parallelismusthese*: «Die Ordnung und Verknüpfung von Ideen ist dieselbe wie die Ordnung und Verknüpfung von Dingen» [E2p7]. Die Ordnung der Dinge ist eine vollständig kausal bestimmte Ordnung. Dementsprechend ist auch die Ordnung der Ideen als Ordnung von Grund und Folge prinzipiell kausal beschreibbar: Ideen selbst stehen in Ursache-Wirkungs-Verhältnissen zueinander.

Was es bei Spinoza im Gegensatz zu Descartes nicht gibt, ist eine Kausalbeziehung zwischen ausgedehnten und denkenden Entitäten. Denn jede Kette kausaler Verknüpfungen muss in sich geschlossen sein [E2p6]. Diese kausale Geschlossenheit folgt aus der explanatorischen Geschlossenheit der Attribute, die wir bereits kennen [E1p10]. So kann beispielsweise das Auftreten einer bestimmten Idee qua Modus des Denkens nicht dadurch erklärt werden, dass diese Idee durch einen körperlichen Modus verursacht wird; sie muss dadurch erklärt werden, dass dieser Zustand durch einen Modus des Denkens verursacht wird.

Das resultierende Bild ist das zweier radikal verschiedener Perspektiven auf ein und dieselbe zugrundeliegende Realität. Nun stellt sich allerdings die Frage, wie wir uns vor diesem Hintergrund überhaupt auf etwas beziehen können, das nicht-geistig ist. Denn unsere Ideen sind ja nun einmal geistige Modi. Und nur vermittels unserer Ideen, die einen bestimmten Inhalt haben und so von etwas als etwas handeln, können wir uns denkend (wahrnehmend, wollend) auf etwas beziehen. Der Bezug auf andere Ideen ist dabei unproblematisch: Sie sind ja von derselben Art, d.h. werden unter demselben Attribut betrachtet. Doch wie ist es für uns möglich, uns denkend auf die körperliche Welt zu beziehen? Wie können wir, mit anderen Worten, die ausgedehnte Wirklichkeit geistig repräsentieren?

Monistische Ideentheorie und Arten der Erkenntnis

Spinoza fasst die Repräsentationsrelation, die zwischen unseren geistigen Zuständen (Ideen) und der ausgedehnten Wirklichkeit besteht, als einen Spezialfall der allgemeinen Repräsentationsrelation auf, die zwischen jedem beliebigen Modus der Ausdehnung und des Denkens besteht. Ein und derselbe Modus ist es, der einmal als körperlicher Zustand und einmal als eine Idee aufgefasst wird, deren Inhalt primär darin besteht, diesen körperlichen Modus zu repräsentieren. Eine Perspektive auf den Modus (die unter dem Attribut des Denkens) repräsentiert also eine andere (nämlich die unter dem Attribut der Ausdehnung). Spinoza spricht davon, dass die Idee den körperlichen Zustand *anzeigt*, mit dem sie ontologisch identisch ist [z.B. E2p16c2, E3p14d].

Unser Intentionalitätsproblem ist damit allerdings noch nicht gelöst: Denn angewendet auf den menschlichen Geist bedeutet das nur, dass eine Idee primär einen Zustand unseres Körpers (z.B. einen Hirnzustand) anzeigt, mit dem sie identisch ist. Aber die Inhalte unserer geistigen Vorstellungen sind normalerweise nicht die Hirnzustände, mit denen sie identisch sind. Es bleibt also das Problem, wie wir Dinge in der ausgedehnten Wirklichkeit repräsentieren können, mit denen wir *nicht* identisch sind. Die Materialien für Spinozas Antwort auf dieses Problem stehen bereits zur Verfügung. Wie wir wissen, sind alle Modi Wirkungen, und diese enthalten immer Informationen über ihre Ursachen [E1ax4], sie zeigen ihre Ursachen an. Damit gehört zum Inhalt einer Idee auch der Bezug auf die Ursachen unserer körperlichen Zustände. Wenn wir eine Rose betrachten, dann verursacht diese Rose als ausgedehnter Gegenstand einen körperlichen Zustand in uns, der identisch ist mit der Wahrnehmungsidee dieser Rose. Die intentionale Repräsentationsbeziehung ist also eine Beziehung, die aus der Anzeigebeziehung zwischen Idee und körperlichem Zustand und aus der Anzeigebeziehung zwischen körperlichem Zustand und seiner (vom menschlichen Körper verschiedenen) ausgedehnten Ursache zusammengesetzt ist [E2p17s]. Intentionalität ist eine komplexe Anzeigerelation, die sich die Identitätsthese und die Engführung von Sein und Wissen im spinozistischen System zugleich zunutze macht!

Was nun fehlt, ist eine Antwort auf die weitergehende Frage, wie repräsentierende Ideen wahr oder falsch sein können, kurz: die Frage nach der Möglichkeit von Erkenntnis. Nun sind alle Modi Wirkungen, und Wirkungen müssen aus ihren Ursachen erkannt werden, weil jeder Modus qua Glied einer Kausalkette Informationen über seine Ursache enthält – und zwar nicht nur über seine unmittelbare Ursache, sondern damit auch über deren Ursache usw., kurz: über jedes andere Glied der Ursachenkette, die bis zu ihm hinführt. Wenn wir also etwas verstehen wollen, müssen wir seine Ursachen verstehen, d. h. wir müssen sein Auftreten kausal erklären können. Wenn wir die Kette dieser Ursachen vollständig erfasst haben, stimmt unsere Idee mit ihrem Gegenstand überein und ist mithin wahr [E1ax6].

Woher weiß man aber, ob die Idee, die man hat, bereits ein adäquates Erfassen des scheinbar Erkannten einschließt? Wie bei Descartes gibt Spinoza dafür ein Kriterium an, das die Idee nicht in Bezug zu äußeren Dingen setzt, sondern lediglich auf die Struktur der Idee selbst Bezug nimmt: Die Idee ist nicht wahr, wenn sie nicht vollkommen deutlich ist. Solange Ideen noch verworren sind, können sie nicht adäquat und müssen mithin falsch sein [E2d4 und E2p35]. Uns ist ein derart adäquates Wissen auf zweierlei Weise möglich: einmal durch das, was Spinoza als Vernunfterkenntnis oder Erkenntnis aus Gemeinbegriffen bezeichnet, zum anderen durch intuitive Erkenntnis [z. B. E2p40s2 und E2p41 & 42].

Erkenntnis aus Gemeinbegriffen – aus Ideen, «die allen Menschen gemeinsam sind», weil sie von allen «adäquat, also klar und deutlich wahrgenommen werden» müssen [E2p38c] – steht für Erkenntnis aus vollständigen kausalen Erklärungen: Denn nur das ist allen Dingen gemeinsam, das sie alle auf dieselbe erste Ursache zurückführt. Und dieses Wissen liefert uns nicht nur Wissen von der ausgedehnten oder der denkenden Natur, sondern durch diese Erkenntnis prinzipiell auch eine Erkenntnis der Natur Gottes, die sich in der ausgedehnten Natur ebenso ausdrückt wie in der denkenden [E2p47].

Intuitive Erkenntnis ist demgegenüber ein unmittelbares Erfassen des Wesens (Essenz) der Dinge durch «adäquate Erkenntnis dessen, was die Essenz gewisser Attribute Gottes ausmacht» [E2p40s2; E5p25]. Anhand eines mathematischen Beispiels macht Spinoza den Unterschied zwischen diesen beiden Erkenntnisgattungen deutlich: Wir können proportionale Verhältnisse zwischen Zahlen allgemein beschreiben und daraus konkrete Proportionalverhältnisse ableiten (Erkenntnis aus Gemeinbegriffen). Doch das ist für einfache Zahlenverhältnisse nicht nötig: Man sieht unmittelbar und «viel klarer» [E2p40s], dass die Zahl, die sich zur 3 so verhält wie die 2 zur 1, die 6 ist. Und eine ähnlich unmittelbare und in höchstem Maße klare und deutliche Erkenntnis ist, so Spinoza, von allen Einzeldingen möglich.

In der intuitiven Erkenntnis begreifen wir das Wesen der Einzeldinge «unter einem Aspekt von Ewigkeit» [E5p29], nämlich als Ausdruck des Wesens Gottes und damit als «aus der Notwendigkeit der göttlichen Natur folgend» [E5p20s]. Wir begreifen die *natura naturata* aus der *natura naturans*. Und nur diese Art der Erkenntnis führt Spinozas Ansicht nach zur vollkommenen Zufriedenheit [E5p27] und damit zur Befreiung nicht nur von den falschen oder nur zufällig wahren Meinungen, aus denen aller Irrtum erwächst; die intuitive Erkenntnis befreit uns vor allem auch von den Affekten, denen wir als endliche Wesen unterworfen sind.

So wird auch deutlich, wieso Spinoza sein Werk als eine Ethik auffasst: Denn nur die Einsicht in die Notwendigkeit der Ereignisse als unmittelbar aus der Natur Gottes folgend schafft Freiheit angesichts der Determiniertheit alles Seins durch die göttliche Natur. Wir erkennen uns durch die intuitive Erkenntnis selbst als Teil der umfassenden geistigen wie körperlichen Realität, als Ausdruck der göttlichen Natur – und damit als Reflexionen des göttlichen Wesens, die in diesem Sinne als geistige Wesen selbst ewig sind [E5p31, E5p36, E5p38, E5p41].

Freiheit ist dementsprechend für Spinoza Freiheit von Affekten, die aus Einsicht entspringt: Sofern wir von Affekten frei sind, leben wir auch tugendhaft. Doch diese Tugend ist nicht Selbstzweck, sondern wurzelt ihrerseits in dem Glück, das wir empfinden, sofern wir uns in intuitiver Erkenntnis des Wesens Gottes, das sich in der geschaffenen Natur ausdrückt, als Ausdruck dieses Wesens begreifen und damit auch die notwendigen Bestimmungen zur Notwendigkeit unseres eigenen Wesens machen. Wir sind autonom, weil und sofern wir unser eigenes Wesen als Ausdruck der göttlichen Natur erkennen. Durch die Einsicht in diese Notwendigkeit unseres Wesens sind wir bereits frei von Affekten und damit frei für das Glück des tugendhaften Lebens.

4. Ideentheorie und ‹Schau der Dinge in Gott›: Der Streit zwischen Arnauld und Malebranche

Wenige Jahre nach Spinozas Tod und der posthumen Veröffentlichung der *Ethik* entbrennt eine der größten intellektuellen Debatten des 17. Jahrhunderts zwischen zwei führenden Vertretern des Cartesianismus, die sich über viele Jahre hinzieht: Antoine Arnauld (1612–94) kritisiert in einem Werk mit dem Titel *Des vraix et des fausses idées (Über wahre und falsche Ideen*, 1683) zentrale epistemologische und metaphysische Thesen seines früheren Freundes Nicolas Malebranche (1638–1715). Das eigentliche Ziel ist dabei zunächst gar nicht dessen Ideentheorie, sondern es sind deren theologische Konsequenzen, die sich mit den theologischen Vorstellungen Arnaulds nicht vertragen. Arnauld wie Malebranche verstehen sich dabei als Vertreter einer Philosophie, die zumindest dem Geiste, wenn auch nicht mehr immer dem Buchstaben nach, cartesisch ist.

Die biographischen Bemerkungen zu Spinoza haben bereits illustriert, dass der Cartesianismus im Anschluss an die Veröffentlichung der *Meditationes* mit ihrem umfangreichen Anhang, den *Einwänden und Erwiderungen* (1641/2) und mehr noch durch die *Principia Philosophiae* (1644), die aufbauend auf der philosophischen Grundlage der *Meditationes* eine neue mechanistisch-mathematische Naturwissenschaft entwickelten, zur dominierenden philosophischen Schule wurde. Diesen Status hatte er bis in die 80er und 90er Jahre des 17. Jahrhunderts inne, in denen neben den Veröffentlichungen von Malebranche und Leibniz, die zumindest die rationalistische Grundhaltung Descartes' weiterführten (ebenso wie Spinoza vor ihnen), mit John Lockes *Essay Concerning Human Understanding* eine neuartige empiristische Alternative an die Öffentlichkeit trat.

Antoine Arnauld und die Schule von Port Royal

Einer der einflussreichsten Vertreter des Cartesianismus war Antoine Arnauld. In Kontakt mit der Cartesischen Philosophie kam er bereits, als ihn der Mentor Descartes' Marin Mersenne (1588–1648) darum bat, Einwände zu Descartes' *Meditationes* zu verfassen, die dann zusammen mit Erwiderungen von Descartes in der Erstausgabe dieses Werkes (1641) veröffentlicht wurden. (Neben den kritischen Kommentaren Arnaulds wurden u.a. Einwände von Thomas Hobbes, Pierre Gassendi und Mersenne selbst zusammen mit zum Teil ausführlichen Erwiderungen Descartes' abgedruckt.) Arnauld entstammte einer einflussreichen Familie des niederen Adels. Er studierte Theologie an der Sorbonne, an der er bald schon selbst unterrichtete, und wurde katholischer Priester; daneben beschäftigte er sich mit Mathematik und Philosophie. Bald nach der Veröffentlichung des Gründungsdokuments des Jansenismus, des umfangreichen Werkes *Augustinus* (1640) des streitbaren theologischen Reformers und Bischofs von Ypern, Cornelius Jansen (1558–1638), trat Arnauld mit eigenen Beiträgen zur jansenistischen Theologie an die Öffentlichkeit und wurde zu einem leidenschaftlichen, streitbaren und prominenten Anwalt dieser an der Gnadenlehre des Kirchenvaters Augustinus orientierten, anti-jesuitischen katholischen Erneuerungsbewegung, der er bis an sein Lebensende verpflichtet blieb. Während in der jesuitischen Lehre die persönliche Verantwortung und die Neigung zum Guten als Wesensmerkmale des Menschen betrachtet wurden – in expliziter Gegenreaktion auf Martin Luthers Gnadenlehre –, hielten die Jansenisten am augustinischen Menschenbild als wesentlich böse und auf Gottes Gnade angewiesen fest, an der Gnade eines Gottes, dessen wahres Sein wir als endliche Wesen allerdings nicht erkennen können. Zum Zentrum des Jansenismus entwickelte sich bald schon der unweit von Versailles gelegene Konvent von Port-Royal, dem die ältere, reformorientierte Schwester von Antoine, Angelique Arnauld (1591–1661), als Äbtissin vorstand. Zahlreiche Jansenisten lebten in den ehemaligen Gebäuden des Konvents als Laien ein zurückgezogenes, mönchisches Leben, ohne dabei an streng definierte Regeln gebunden zu sein. Zu dieser Gruppe gehörten auch der Philosoph Pierre Nicole (1625–95) und der Mathematiker und Philosoph Blaise Pascal (1623–62). Eine politische Dimension erhielt der Jansenismus durch eine Verbindung von Gallikanismus, dem Streben der katholischen Kirche Frankreichs nach Unabhängigkeit von Rom, mit der Ablehnung der absoluten Monarchie, wie sie durch Kardinal Richelieu und Ludwig XIV. verkörpert wurde. Die Jansenisten gerieten dadurch nicht nur in Konflikt mit dem mächtigen Jesuitenorden und der französischen Monarchie, sondern auch mit der römischen Kurie. Zahlreiche Schriften von Jansenisten kamen auf den Index – darunter auch theologische Streitschriften Arnaulds, in denen er die Thesen Jansens gegen den Vorwurf der Heterodoxie verteidigte. Zugleich vertraten die Jansenisten Überzeugungen mit politischen Implikationen, die im absolutistischen Frankreich nicht geduldet wurden. In mehreren Wellen wurde das Vorgehen gegen die Erneuerungsbewegung verschärft und ihre Vertreter in Frankreich 1665 schließlich vor die Wahl gestellt, Unterlassungserklärungen zu unterzeichnen oder das Land zu verlassen.

Arnauld musste aufgrund seiner jansenistischen Überzeugungen schon 1656 die jesuitisch-scholastisch geprägte Sorbonne verlassen. Wie zuvor für Descartes boten auch in diesem Fall die liberalen Niederlande zahlreichen Jansenisten Zuflucht – darunter Pierre Nicole und Antoine Arnauld. Die beiden hatten bereits zu Beginn der 1660er Jahre zunächst anonym unter der Überschrift *La logique, ou l'art de penser (Logik oder Kunst des Denkens,* 1662) ein Dokument eines orthodoxen Cartesianismus verfasst. Diese sogenannte *Logik von Port-Royal* enthält eine epistemologisch gewendete Begriffslogik, die sich zu einem der einflussreichsten Logikbücher überhaupt entwickelte und erst mit der Entwicklung der modernen Logik im ausgehenden 19. Jahrhundert abgelöst wurde. Descartes' These vom sprachunabhängigen Bewusstsein von unseren geistigen Zuständen lag dieser Logik zugrunde. Sprache ist ein Produkt von Konvention, das lediglich dem Ausdruck der Gedanken dient, deren Struktur sie im Idealfall abbilden soll. Aufgabe einer Logik ist es dann unter anderem, diese Abbildung durch Sprachkritik zu ermöglichen, *nachdem* sie nicht nur die formale, sondern auch – und ganz entgegen der modernen Auffassung der Logik – die inhaltliche Korrektheit der zugrundeliegenden Urteile und Schlüsse garantiert hat. (Ähnliche Auffassungen über Sprache sind in der Philosophie der frühen Neuzeit weit verbreitet und keineswegs auf rationalistische Autoren beschränkt. Sie finden sich z. B. auch im dritten Buch des *Essay* von John Locke.)

Malebranche, Arnauld und die Allmacht Gottes

Auch Malebranche war keineswegs einfach nur Cartesianer; an prominenter Stelle – bei seiner Antrittsvorlesung an der Pariser Akademie der Wissenschaften 1699 – kritisiert er etwa dessen Theorie des Lichtes. Dennoch knüpfte er in wichtigen philosophischen Aspekten an Descartes an, der für ihn eine Alternative zur verhassten scholastischen Konzeption war, die auch Malebranche bei seiner Ausbildung an der Sorbonne noch als Schulphilosophie kennengelernt hatte. Er war als kränkliches Kind eines hochstehenden Beamten am königlichen Hof wegen einer Fehlbildung, die zu chronischen Atemproblemen führte, bis in sein 17. Lebensjahr privat unterrichtet worden und nahm 1654 seine Studien am Pariser Collège de la Marche auf. Zwei Jahre später ging er zum Theologiestudium an die Sorbonne, doch schon 1660 wechselte er in die Kongregation des Pariser Oratoriums, einer ordensartigen Gemeinschaft von Theologen. 1664 wird er zum katholischen Priester geweiht. Die Theologen des Oratoriums pflegten insbesondere das Studium der Bibel im Original und propagierten die Rückbesinnung auf die Autoren der christlichen Patristik. Auf diese Weise lernte Malebranche auch das Werk Augustinus' im Original kennen, das für seine eigene philosophische Entwicklung entscheidend war, insbesondere dessen Lehre vom freien Willen und der göttlichen Erleuchtung, die die Erkenntnis für den passiven menschlichen Geist überhaupt erst möglich macht.

Der andere große philosophische Einfluss war Descartes' Werk, dem er in einem Schlüsselerlebnis 1664 erstmals begegnete, als ihm dessen früh verfasster, aber erst postum veröffentlichter Traktat *De Homines (Traité de l'homme; Abhandlung über den Menschen*, 1662) in die Hände fiel. Das darin gezeichnete kausal-mechanistische, anti-teleologische (und damit anti-aristotelische) Menschenbild bot ihm die ersehnte Alternative zur aristotelischen Scholastik. Von da an begann er mit der Entwicklung einer ganz eigenen Philosophie, mit der er zehn Jahre später in seiner *De la recherche de la vérité (Von der Erforschung der Wahrheit*, 1674/5) an die Öffentlichkeit trat. Entsprechend seiner theologischen Prägung versuchte er, wesentliche Einsichten Descartes' mit eigenen philosophischen Vorstellungen zu verbinden.

Während Malebranche die Verehrung für Augustinus mit Arnauld teilte, war er dennoch anders als dieser der Ansicht, dass die Erleuchtung durch den göttlichen Geist uns eine direkte Anteilnahme an Gottes Vorstellungen erlaubt – eine ‹Schau der Dinge in Gott›. Diese göttlichen Vorstellungen sind für ihn die eigentlichen Ideen, und nicht etwa die menschlichen Vorstellungen, die uns u. a. mit diesen göttlichen Ideen in Verbindung setzen. Für den strengen Jansenisten Arnauld muss diese Erkenntnis der wahren Dinge in Gott – und damit eine zumindest partielle adäquate Erkenntnis Gottes – inakzeptabel sein: Der menschliche Geist ist prinzipiell nicht dazu in der Lage, den unendlichen Geist Gottes zu erfassen. In dieser Hinsicht ist Arnauld Descartes' Auffassung von der Unerforschlichkeit und absoluten Allmacht Gottes näher als Malebranche. Wie wir gesehen haben, vertrat Descartes die Auffassung, dass der Mensch sich der Vollkommenheit Gottes im Gebrauch seiner freien Willenskräfte annähern kann. Gemäß Descartes' Auffassung drückt sich die Vollkommenheit und absolute Allmacht Gottes gerade in der Uneingeschränktheit des göttlichen Willens aus. Allerdings folgt daraus nicht, dass wir Einsicht in den unendlichen Willen und vollkommenen Verstand Gottes hätten.

Diese theologische Differenz ist der eigentliche Gegenstand der eingangs erwähnten Debatte, die sich bis zu Arnaulds Tod 1694 und darüber hinaus hinzieht. Malebranche veröffentlicht bis 1709 mit direktem Bezug auf Arnauld zum Thema; zahlreiche andere Autoren der Zeit nehmen dazu öffentlich und privat Stellung, darunter Madame de Sévigné (1626–96), Pierre Nicole, Bernard Fontenelle (1657–1757), François Fénelon (1651–1715), der konservative Bischof Jacques Bénigne Bossuet (1627–1704), der empiristisch gesinnte Cartesianer Pierre-Sylvain Régis (1632–1707), die Frühaufklärer Pierre Bayle (1647–1706), Locke und Leibniz.

Die Debatte beginnt 1680 mit der Veröffentlichung der *Traité de la nature et de la grâce (Abhandlung von der Natur und der Gnade)*, in der Malebranche darlegt, dass wir zwar nicht die Absichten Gottes — und damit dessen Willen — adäquat erfassen können, wohl aber dessen Ideen — und damit Aspekte seines Verstandes. Arnauld hielt bereits diese Anwendung der Unterscheidung von Wille und Verstand auf die unendliche Substanz für unangemessen. Und in der Tat ist sie bei Malebranche mitverantwortlich für eine sehr eigentümliche und für die frühe Neuzeit ungewöhnliche Auflösung des Theodizeeproblems. Denn die Unterscheidung von göttlichem Verstand und Willen ermöglicht eine begriffliche Diskrepanz zwischen dem Gegenstand seines Denkens und dem seines Wollens. Diese Diskrepanz kann, wie später bei Leibniz, so interpretiert werden, dass Gott aus der Menge aller möglichen Welten die vollkommenste auswählt, aber das ist nicht die einzige Möglichkeit. Malebranche argumentiert nämlich, dass die beste Wahl nicht notwendig die vollkommenste ist. Denn neben Vollkommenheit ist auch die Einfachheit ein wichtiges Bewertungskriterium – und die verhält sich laut Malebranche umgekehrt proportional zur Vollkommenheit. Die geschaffene Welt ist also nicht die vollkommenste, aber sie ist die beste, weil sie den besten Kompromiss zwischen Einfachheit und Vollkommenheit darstellt. Und weil die tatsächlich geschaffene Welt nicht die vollkommenste ist, sind Leiden und andere Übel auch in der besten Welt möglich.

Mit Arnaulds an Descartes orientierter Vorstellung der absoluten Allmacht Gottes sind solche Vorstellungen, die de facto auf eine Einschränkung der göttlichen Macht hinauslaufen, unvereinbar. In seiner ersten öffentlichen Stellungnahme zum Thema, der eingangs erwähnten Schrift *Des vraix et des fausses idées*, greift er jedoch die in Malebranches *Traité* propagierten Lehren noch nicht direkt an, sondern die diesen zugrunde liegenden epistemologischen und metaphysischen Thesen. Die Thesen hat Malebranche bereits sechs Jahre zuvor in der *Recherche* formuliert, und sie hatten für sich genommen damals Arnaulds Zorn noch nicht erregt. Erst die theologischen Konsequenzen, die im *Traité* erkennbar wurden, öffneten ihm die Augen für das, was er nunmehr als aus seiner Sicht gefährliche Thesen erkennen musste.

Ideentheorie und Okkasionalismus

Was war so problematisch an dieser Erkenntnistheorie? Wir wissen bereits, dass Malebranche der Ansicht war, dass wahre Erkenntnis des Wesens der Dinge für uns allein als eine ‹Schau der Dinge in Gott› möglich ist. Grundlage für diese Wesensschau ist ein erkennendes Verhältnis zu den Urformen der Dinge in Gott, den Ideen. (Das platonische Echo ist hier nicht zufällig und geht vermutlich auf die Platon-Rezeption bei Augustinus zurück.) Diese göttlichen Vorstellungen sind für Malebranche die eigentlichen Ideen, und nicht etwa die menschlichen Vorstellungen, die uns u. a. zu diesen göttlichen Ideen in Verbindung setzen. Seine Grundlage für diese Konzeption ist eine cartesische Unterscheidung, die wir bereits kennen: die Unterscheidung zwischen materialer und objektiver Betrachtungsweise von Ideen. Kurz zur Erinnerung: Ideen sind für Descartes ontologisch betrachtet bloße Modi der endlichen denkenden Substanzen, d. h. des menschlichen Geistes. Das ist ihre materiale Seinsweise, hinsichtlich derer zwischen den verschiedenen Ideen kein Unterschied besteht. Als geistige Modi haben sie aber auch einen bestimmten Inhalt, sie handeln von etwas. Darin besteht ihre objektive Seinsweise, die jede Idee mit einem bestimmten Inhalt von all jenen Ideen unterscheidet, die einen anderen Inhalt haben.

Malebranche radikalisiert nun diese Unterscheidung, indem er die materiale und die objektive Betrachtungsweise zu verschiedenen Seinsweisen macht. Ideen existieren objektiv im Geist Gottes und werden uns von Gott als Inhalte offenbart. Diese Inhalte sind abstrakt, zeitunabhängig und universell. Das ist die eigentliche ‹Schau der Dinge in Gott›: die Perzeption der Ideen (Urformen) durch endliche Subjekte.

Aufgrund dieser Offenbarung können wir nun konkrete, partikuläre sinnliche Empfindungen in uns *als* das wahrnehmen, was uns diese Ideen offenbaren. Diese Empfindungen entsprechen der materialen Betrachtungsweise der Ideen, ihrem bloßen Sein als Modifikationen des Geistes bei Descartes. Gott erleuchtet uns dabei nicht nur durch die Partizipation an seinen Ideen, sondern er ist es auch, der dafür sorgt, dass wir die fraglichen Empfindungen haben, die mit den jeweiligen Ideen zu einer sinnlichen Wahrnehmung verbunden werden: Etwas wird nun *als* etwas Bestimmtes wahrgenommen. Empfindungen werden also nicht durch die wahrgenommenen Gegenstände kausal hervorgerufen, sondern Gott erzeugt sie selbst *bei Gelegenheit* der wahrgenommenen ausgedehnten Gegenstände. Diese Auffassung von Kausalität bezeichnet man deshalb als Okkasionalismus. Bereits vor Malebranche hat eine ganze Reihe von Cartesianern okkasionalistische Auffassungen vertreten wie Louis de la Forge (1632–66), Géraud de Cordemoy (1626–84) und insbesondere Arnold Geulincx (1624–69). Allerdings ist bei diesen Denkern bisweilen unklar, ob sie allesamt wie Malebranche universale Okkasionalisten waren. La Forge etwa war ein Okkasionalist mit Blick auf kausale Relationen zwischen ausgedehnten Körpern, vertrat aber zugleich die Ansicht, dass Ideen durch unseren Geist hervorgebracht werden.

Arnauld hält demgegenüber an der cartesischen Konzeption fest, dass es sich bei Ideen um bloße Zustände unseres Geistes handelt, die wir auf verschiedene Weise betrachten können. Zwar können wir adäquate Ideen haben – wenn sie nämlich klar und deutlich sind –, doch verschaffen uns selbst diese Ideen keine Erkenntnis der wahren Inhalte des göttlichen Geistes. Gott bleibt uns hinsichtlich seines Denkens ebenso wie seines Wollens deshalb grundsätzlich fremd.

Bisweilen klingt es bei Malebranche sogar so, als wären wir im Akt der Erkenntnis von Ideen mit diesen Eigenschaften der göttlichen Substanz identisch. Das erinnert an Spinozas Vorstellungen von Ideen als Modifikationen der göttlichen Substanz. Zu denjenigen, die diesen Verdacht im Hinblick auf die ontologischen Konsequenzen von Malebranches System hegten, gehörte Leibniz. Verstärkt wird dieser Verdacht, wenn man die Rolle der ausgedehnten Körper miteinbezieht. Für Malebranche gab es nämlich keine Kausalbeziehung, die unabhängig vom Wirken Gottes bestehen würde. Kausalbeziehungen sind nichts anderes als regelmäßige Abfolgen von Ereignissen oder Vorstellungen von Ereignissen, die durch das Eingreifen Gottes zu kausal notwendigen Abfolgen werden. Ohne die Ideen von ausgedehnten Gegenständen im Geist Gottes und deren notwendige Abfolge gibt es keine ausgedehnten Gegenstände in der materiellen Natur, die ihrerseits mit Notwendigkeit aufeinander einwirken. Eine unmittelbare Konsequenz dieser Auffassung ist die Möglichkeit von Skepsis bezüglich der Existenz der ausgedehnten Dinge. Denn wozu braucht man diese noch, wenn sowohl das wahre Wesen dieser Dinge als auch die notwendigen Beziehungen zwischen ihnen bereits in Gottes Geist als Idee der Ausdehnung vorhanden sind? Malebranche trat diesen idealistischen Konsequenzen seiner Konzeption zumindest nicht mit Entschiedenheit entgegen. Einer seiner prominentesten Schüler, der englische Philosoph John Norris (1657–1711), interpretierte ihn später genau so, und auch auf George Berkeley sind seine Ideen nicht ohne Einfluss geblieben, wie Charles McCracken [1983] in seiner Studie über Malebranche und die Philosophie in Großbritannien gezeigt hat. Was für die Kausalbeziehung zwischen Körpern allerdings durchaus problematisch gewesen sein mag, zumindest wenn man den Idealismus ablehnt, war im Hinblick auf ein anderes Problem der cartesischen Philosophie durchaus hilfreich. Das Problem der geistigen Verursachung, also der Kausalbeziehung zwischen den wesentlich verschiedenen Substanzen Körper und Geist, war leicht lösbar, wenn man keine reale Beziehung zwischen diesen annehmen musste, sondern der Beziehung eine Relation von Ideen im Geist Gottes zugrunde lag. Okkasionalistische Auffassungen finden sich deshalb auch bei den Cartesianern unter seinen Gegnern, etwa bei Arnauld.

Vom Verdacht des Spinozismus setzt sich Malebranche aber nicht nur bezüglich seiner Auffassung von Kausalität ab, sondern auch in einem anderen Bereich der Metaphysik, nämlich Spinozas Konstruktion des Verhältnisses von endlichen denkenden Wesen zum Geist Gottes. Bei Spinoza gibt es keine Vorstellung eines personalen Gottes mehr. Wir sind von ihm abhängig, sofern wir Teil seiner substantiellen Realität sind. Malebranches Gott hingegen ist ebenso wie der Gott Arnaulds ein personaler Gott, von dem wir als menschliche Wesen in jeder Hinsicht abhängig sind. Seiner Ansicht nach ist er vereinbar mit dem Buchstaben der christlichen Offenbarungsreligion. (Allerdings sah die katholische Amtskirche dies zeitweise anders und setzte Malebranches *Traité* 1690 auf den päpstlichen Index, nicht zuletzt auf Betreiben von Arnauld und anderen Jansenisten, denen es nicht lange vorher ebenso ergangen war.)

5. Locke: Empirismus und Liberalismus

Das Werk von John Locke (1632–1704) gehört zu den wichtigsten Quellen für zwei Ideen, welche die westliche Welt prägen: Empirismus und Liberalismus. In seinem theoretischen Hauptwerk *An Essay Concerning Human Understanding* (*Versuch über den menschlichen Verstand,* 1689) unternimmt Locke eine empiristische Grundlegung der Erkenntnis. *A Letter Concerning Toleration* (*Brief über Toleranz,* 1689) fordert sowohl die Trennung von Staat und Kirche als auch Religionsfreiheit, und seine *Two Treatises of Government* (*Zwei Abhandlungen über die Regierung,* 1688) argumentieren, dass die Legitimität eines Staatswesens auf der Zustimmung der Regierten beruht. Diese Ideen lassen sich als Ausdruck eines Strebens nach Autonomie und als Ablehnung bloß tradierter Autoritäten verstehen, denn ebenso wenig wie die Suche nach Erkenntnis darf eine politische Gemeinschaft auf überlieferten Autoritäten beruhen.

Lockes Lebensweg war von zwei historischen Prozessen geprägt, die entscheidend für die Formung dieser Ideen waren: dem englischen Bürgerkrieg und der Institutionalisierung der Naturwissenschaften. Als Arzt und Sekretär des einflussreichen Politikers Anthony Ashley Cooper, Earl of Shaftesbury (1621–83), lernte Locke – ebenso wie Hobbes – die Politik und das Exil am eigenen Leibe kennen. Der Bürgerkrieg und die Anmaßungen der Krone werden zum Ausgangspunkt des Liberalismus. Noch bevor sich Locke mit Philosophen wie Descartes oder Hobbes auseinandersetzte, lernte er in Oxford die Arbeiten einer Gruppe von bedeutenden experimentellen Naturphilosophen wie Thomas Sydenham (1624–89), Robert Boyle (1627–91), Robert Hooke (1635–1703) oder Isaac Newton (1643–1727) kennen, aus deren Treffen 1660 die Royal Society hervorging. Die Praxis und Institutionalisierung der Naturwissenschaften sind der Ausgangspunkt für Lockes Empirismus.

Während er die genannten Forscher als «Baumeister» bezeichnet, deren wissenschaftliche Ideen «der Bewunderung der Nachwelt bleibende Denkmäler» hinterlassen werden, betrachtete er seine Aufgabe als die eines «Hilfsarbeiters» (*underlabourer*), der Gerümpel auf dem Pfad der Erkenntnis beiseite räumt (*Essay*, Epistle to the Reader). Die Darstellung des Philosophen als Hilfsarbeiter der Naturwissenschaften scheint auf den ersten Blick nicht zum Streben nach Autonomie zu passen. Der Vergleich ist aber irreführend, denn Locke stellt der Philosophie eine besondere Aufgabe, die sie von naturwissenschaftlichen Fragestellungen deutlich absetzen. Das Projekt des *Essay* besteht nämlich darin, das Instrument aller empirischen Untersuchungen zu untersuchen: den menschlichen Verstand.

Empirismus: Alle Ideen stammen aus der Erfahrung

Der *Essay* besteht aus vier Büchern. Im ersten Buch richtet sich Locke gegen eine weitverbreitete Auffassung, dass die Geltung der Moral oder der Naturgesetze angeborene Ideen voraussetze, und argumentiert, dass wir weder über angeborene theoretische und praktische Prinzipien (wie «Jede Wirkung hat eine Ursache» oder «Liebe Deinen Nächsten») noch über angeborene Begriffe verfügen (wie «Gott» oder «Substanz»). Denn entweder sind angeborene Ideen im Geist präsent und es müsste jeder Verstand von Kindheit an von ihnen Bewusstsein haben, was nicht der Fall ist, oder sie sind dispositional, doch gibt es kein Kriterium, angeborene von erworbenen Dispositionen zu unterscheiden. Locke geht davon aus, dass die These der angeborenen Ideen eine empirische These ist, entsprechend weist er sie mit empirischen Argumenten zurück. Das erste Buch entspricht tatsächlich dem Bild des Hilfsarbeiters, der Hindernisse wegräumt. Nach der Aufräumaktion gleicht der menschliche Verstand einem unbeschriebenen Blatt.

Das zweite Buch behauptet, dass alle unsere Ideen aus der Erfahrung stammen und dass Ideen die Bausteine aller Erkenntnisse sind. Dies ist die Grundthese des Empirismus. Locke nennt zwei Quellen der Erfahrung, nämlich die äußere, der die Wahrnehmungsideen, und die innere Erfahrung, der die Reflexionsideen entspringen. Durch die zweite Quelle sind wir uns der Tätigkeit des Erkenntnisvermögens bewusst; ohne sie wäre es um Lockes philosophisches Projekt schlecht bestellt. Die Metapher des unbeschriebenen Blattes bezieht sich nur auf angeborene Ideen, nicht auf angeborene Fähigkeiten. Die Ideen des Wollens, Vorstellens oder Denkens beispielsweise gewinnen wir aus der inneren Erfahrung.

Ideen sind Gegenstände des Denkens, und alles, worüber ein Mensch nachdenkt, sind Ideen. Lockes Ideenbegriff erfasst damit den Aspekt der objektiven Seinsweise von Ideen. Dass Ideen Bausteine der Erkenntnis sind, ist durchaus wörtlich gemeint. So wie die Oxforder Naturphilosophen Körper als Atomkomplexe auffassten, verstand Locke Gedanken als Ideenkomplexe. Diese Bausteine sind die einfachen Ideen. Locke nennt als Beispiele für solche Ideen gelb, weiß, heiß, kalt, weich, hart, bitter, süß, Wahrnehmung, Denken, Zweifeln, Glauben, Schließen, Wissen, Wollen. Einfache Ideen werden durch die beiden Erfahrungsquellen zur Verfügung gestellt; deren Zusammensetzung jedoch ist eine Leistung des Verstandes. Neben der Unterteilung der Ideen in einfache und zusammengesetzte spielt auch jene in partikulare und abstrakte Ideen eine wichtige Rolle. Partikulare Ideen handeln von Einzeldingen an bestimmtem Ort zu bestimmter Zeit. So ist die visuelle Wahrnehmung eines Hundes eine zusammengesetzte partikulare Idee, die abstrakte Idee des Hundes kann auf alle Hunde angewandt werden. Diese abstrakte Idee ist keine Idee eines großen oder kleinen, schwarzen oder braunen, weiblichen oder männlichen usw. Hundes. Eine abstrakte Idee muss keine bildhaften Qualitäten haben. Locke vertritt keine bildliche Ideentheorie, entsprechend müssen Ideen keine Abbilder sein, können es aber. Er ist der Auffassung, dass sehr abstrakte Ideen wie jene des Raumes, der Zeit, der Kausalität oder Gottes aus einfachen Ideen gebildet werden können. Abstrakte Ideen sind überaus wichtig, weil sie kennzeichnend für den menschlichen Verstand sind (im Unterschied zum tierlichen Verstand, der nur partikulare Ideen kennt) und weil sie eine wichtige Rolle in Lockes Sprachphilosophie spielen, wie wir weiter unten sehen werden.

Zusammengesetzte, abstrakte Ideen sind Ideen von Substanzen, Modi oder Relationen. Substanzen sind selbständig existierende Dinge wie Hunde, Steine, Goldmünzen. Diese drei Beispiele verweisen nur auf materielle Gegenstände, es gibt aber drei Arten von Substanzen, nämlich Körper (materielle Gegenstände), endliche Geister und Gott (immaterielle Gegenstände). Modi und Relationen sind abhängig existierende Ideen. Modi sind eine heterogene Gruppe und umfassen einfache Modi wie quantitative und qualitative Eigenschaften und gemischte Modi wie die moralischen Ideen des Versprechens, Betrugs oder Diebstahls. Relationen sind die Ideen, die mehr als eine Substanz bzw. mehr als einen Modus enthalten. So enthält die Idee des Bruders mehr als eine Person und die Aussage «Mord ist moralisch schlimmer als Diebstahl» zwei komplexe Modi. Neben der Zusammensetzung und der Abstraktion ist die Herstellung von Relationen eine dritte konstruktive Tätigkeit des Verstandes.

Körperliche Substanzen, primäre und sekundäre Qualitäten

Betrachten wir nun Lockes Auffassung über körperliche Substanzen und deren Wahrnehmung genauer. Für Robert Boyle, mit dem Locke aus Oxford gut bekannt war, sind materielle Gegenstände aus Teilchen zusammengesetzt, die nicht weiter geteilt werden können und sich im leeren Raum bewegen. Boyle schließt damit an die mechanistische Erklärungsweise physischer Prozesse durch Descartes an. Locke teilte diese atomistisch-mechanistische Auffassung materieller Körper. Atome (oder Korpuskel) haben eine beschränkte Anzahl an Eigenschaften wie Undurchdringlichkeit, Form, Größe und Bewegung. Nun haben die Körper für uns noch andere Eigenschaften, insbesondere Farb-, Geschmacks-, Geruchs-, Klang- und Tasteigenschaften. Wenn materielle Körper vollständig aus Atomen bestehen, wie können sie solche Eigenschaften haben? Locke bezeichnet Eigenschaften, die physikalische Körper mit Atomen teilen, als «primäre Qualitäten», die Farbeigenschaften usw. als «sekundäre Qualitäten». Primäre Qualitäten kommen den Körpern unabhängig von uns zu, bei sekundären Qualitäten handelt sich um die Dispositionen dieser Körper, in uns Ideen von Farben usw. hervorzurufen. Während unsere Ideen der primären Qualitäten eben diesen Qualitäten ähnlich sind, gibt es *nichts* in den Objekten selbst, mit dem unsere Ideen der sekundären Qualitäten übereinstimmen.

Lockes Theorie wirft viele Probleme auf. Eines dieser Probleme entstammt der Ambiguität zwischen der Idee verstanden als geistigem Objekt (Gegenstand des Denkens) und der Idee verstanden als geistigem Akt. Der Objekt-Lesart zufolge nehme ich einen Hund nicht direkt wahr, sondern vermittelt über die geistige Idee, die Gegenstand meines Denkens ist und den Hund repräsentiert. Die Akt-Lesart hingegen versteht meine Hund-Idee als einen geistigen Akt, der sich direkt auf den Hund bezieht. Häufig wird Lockes Lehre der Qualitäten so verstanden, dass Ideen geistige Objekte sind. Doch damit läuft sie Gefahr, in den Skeptizismus zu münden. Es scheint in der Tat so, als würde Locke eine indirekte repräsentationalistische Wahrnehmungstheorie vertreten: Direkt nehmen wir nur Ideen wahr, Körper hingegen immer nur indirekt. Verhindert dieser ‹Schleier der Ideen› nicht, dass wir wissen können, ob jenseits davon Körper existieren? Doch dieser Vorwurf erinnert an Arnaulds Skeptizismusvorwurf an Malebranche. Locke hat diese Kontroverse verfolgt und Arnauld Recht gegeben. Es fällt deshalb schwer zu glauben, dass er eine Theorie vertreten haben soll, deren Probleme ihm deutlich vor Augen standen. Damit ist die Frage offen, welche Position Locke vertreten hat. Möglicherweise hilft hier die Unterscheidung von primären und sekundären Qualitäten: Vielleicht war Locke der Ansicht, dass wir nur mittels der Ideen primärer Qualitäten bestimmte aktuale Eigenschaften der Körper direkt wahrnehmen, während die Ideen sekundärer Qualitäten Wahrnehmungen von dispositionalen Eigenschaften dieser Körper sind.

Ein zweites Problem betrifft den Begriff der Substanz, der für Locke eine abstrakte Idee sein muss. Worin besteht die abstrakte Idee der Substanz? Zwar können wir klare und deutliche Ideen von einzelnen materiellen Substanzen wie Hunden oder Steinen bilden, aber bereits bei der allgemeinen Idee von materiellen Körpern überhaupt fällt es schwer, eine klare und deutliche Idee von deren Substanz als Trägerin der primären Qualitäten zu bilden. Noch schwieriger ist es, eine klare und deutliche Idee von einer Substanz zu bilden, die sowohl materiellen Körpern als auch immateriellen Objekten (Verstand, Gott) zugrunde liegen soll. Wir müssen zwar schließen, dass irgendetwas existiert, das körperliche oder geistige Eigenschaften trägt, doch können wir nur eine dunkle und verworrene Idee der Substanz im Allgemeinen bilden. Locke zweifelt nicht an der Existenz von Substanzen, doch sind wir nicht in der Lage, einen positiven Begriff der Substanz zu bilden. Dies ist ein Beispiel für Lockes Bemühen, die Grenzen des menschlichen Verstandes aufzuzeigen. Allerdings mag es scheinen, als würde diese Auffassung dem empiristischen Ansatz widersprechen, dass alle Ideen aus der Erfahrung stammen müssen. Müssten wir die Idee der Substanz nicht folgerichtig fallen lassen? Locke hält sie für eine Denknotwendigkeit. Ist er damit nicht auf die Annahme eines angeborenen Begriffs verpflichtet?

Probleme mit der Substanz, Sprachtheorie und Erkenntnistheorie

Um diese Frage zu beantworten, müssen wir uns dem dritten und dem vierten Buch zuwenden, die von der Sprache bzw. vom Wissen handeln. Locke vertritt darin u.a. folgende semantische These: «Die Wörter vertreten also ihrer ursprünglichen und unmittelbaren Bedeutung nach nur die Ideen im Geiste dessen, der sie benutzt.» [*Essay* 3.2.2] Das ist eine überraschende These. Bezeichnet das Wort «Hund» nicht vielmehr einen bestimmten Hund oder die biologische Art als meine partikulare oder abstrakte Idee des Hundes? Wenn ich sage «Der Hund rennt» oder «Hunde bellen», möchte ich nicht sagen, dass meine Ideen rennen oder bellen. Diesem Einwand kann man entgehen, indem man zwischen der Bedeutung und dem Bezugsobjekt eines Wortes unterscheidet. Die primäre und direkte Bedeutung des Wortes «Hund» ist meine Idee des Hundes; sekundär und indirekt beziehe ich mich mittels des Paares aus Wort und Idee auf wirkliche Hunde. Lockes semantische These hilft uns zu verstehen, wie er trotz seines Empirismus die Idee der Substanz beibehalten kann. Die primäre und direkte Bedeutung des Wortes «Substanz» ist unsere Idee der Substanz als eines Etwas, das Eigenschaften trägt. Mithilfe der sekundären und indirekten Bedeutung beziehen wir uns auf dieses Etwas, das unabhängig von unseren Ideen besteht. Damit kann Locke es zulassen, dass wir über etwas sprechen, von dem wir keine einfachen Ideen aus der Erfahrung schöpfen. Wir sprechen über das Etwas, das Eigenschaften trägt, sozusagen indirekt, indem wir auf körperliche Substanzen Bezug nehmen, die uns in der empirischen Erfahrung gegeben sind.

Im vierten Buch bestimmt Locke Erkenntnis als Wahrnehmung des Zusammenhangs und der Übereinstimmung zwischen Ideen. Verbinde ich die Ideen des Hundes und des Säugetiers zum Gedanken, dass Hunde Säugetiere sind, habe ich eine Erkenntnis gewonnen. Wenn ich den Gedanken bilde, dass körperliche Substanzen primäre Qualitäten wie Form oder Größe haben, so bringe ich damit eine Erkenntnis zum Ausdruck, denn ich stelle eine Übereinstimmung zwischen der Idee der Substanz und den Ideen primärer Qualitäten fest. Dabei spielt es keine Rolle, dass die Idee der Substanz dunkel und verworren ist. Im Unterschied zu Descartes' Auffassung, dass Wissen im Erfassen klarer und deutlicher Ideen bestehe, ist es für Locke die Wahrnehmung der Übereinstimmung von Ideen; dabei kann es sein, dass eine dieser Ideen nicht klar und deutlich ist, etwa im Beispiel des Gedankens, dass körperliche Substanzen primäre Qualitäten haben.

Für unser Leben wie für die Naturwissenschaft ist jedoch nicht das Wissen der zentrale Begriff, sondern die Wahrscheinlichkeit. Alles Erfahrungswissen ist dem Irrtum ausgesetzt und kein Wissen, sondern Erfassen von Wahrscheinlichkeiten. Dieses besteht im *Anschein* einer Übereinstimmung zwischen Ideen mithilfe unvollständiger Evidenzen. Evidenzen sind unvollständig, weil es zu viele vermittelnde Glieder gibt. So sind wir in aller Regel auf das Zeugnis anderer angewiesen, auf unsere Erinnerung, auf indirekte Schlussfolgerungen, auf Messapparate usw. Es ist diese Art der informellen (nicht-mathematischen) Wahrscheinlichkeit, um die es Locke geht. Im Gegensatz dazu ist der Bereich des menschlichen Wissens eingeschränkt. So ist uns nicht nur die Natur von Substanzen an sich unzugänglich, sondern auch die Natur von Substanzen wie Hunden oder Gold. Bei unserem vermeintlichen Wissen über empirische Gegenstände handelt es sich um mehr oder weniger gesicherte Meinungen, nicht um Wissen. Wissen im strikten Sinne finden wir lediglich in der Mathematik und in der Moral. Denn die mathematischen und moralischen Ideen haben wir selbst konstruiert; deshalb sind sie uns, im Gegensatz zu den empirischen Ideen, transparent.

Liberalismus: Toleranz und Naturrecht

Das vierte Buch des *Essays* schließt mit Überlegungen zur religiösen Erkenntnis. Obwohl Locke tief religiös war, vertrat er hinsichtlich der Natur der religiösen Erkenntnis zurückhaltende Thesen. Locke unterscheidet zwischen Vernunft und Glaube. Während es der Vernunft um Gewissheiten und Wahrscheinlichkeiten bezüglich unseres Lebens in der Welt geht, handelt der Glaube von Gewissheiten und Wahrscheinlichkeiten, die Gottes Beziehung zu uns betreffen. Was Gott uns offenbart, ist gewiss und unbezweifelbar und muss geglaubt werden. Ob es sich jedoch um eine Offenbarung Gottes handelt, darüber muss die Vernunft entscheiden, nicht der Glaube. Da Gottes Wort durch viele Hände gegangen ist, können wir uns nicht sicher sein, ob wir mit seiner Offenbarung zu tun haben. Die ‹Schwärmer› (heute würden wir sagen: Fundamentalisten), die die Überlieferung des göttlichen Wortes für eine Gewissheit nehmen, begehen also einen epistemologischen Fehler. Aufgrund dieser epistemischen Unsicherheiten soll weder eine Regierung ihren Untertanen eine bestimmte Religion aufzwingen noch sollen religiöse Institutionen über Zwangsgewalt gegenüber ihren

Mitgliedern verfügen dürfen. In einem Gemeinwesen müssen unterschiedliche Religionen toleriert werden, sofern sie die Staatsgewalt anerkennen. (Freilich stellten die Katholiken mit ihrer Abhängigkeit von Rom ein Problem für Lockes Auffassung dar.) Von Lockes Erkenntnistheorie führt eine direkte Linie zu seiner Verteidigung der religiösen Toleranz.

Die Forderungen nach einer Trennung von Staat und Kirche und nach Religionsfreiheit führen uns in den Bereich der Politik zurück. Bereits in Oxford verfasste Locke politische Schriften, die aber aus der Perspektive seiner reifen *Two Treatises of Government* (1689) als konservativ erscheinen. Die erste dieser zwei Abhandlungen stellt eine Kritik der *Patriarcha* (1648, veröffentlicht 1680) von Sir Robert Filmer (1588–1653) dar. Filmer verteidigt den gottgegebenen Anspruch der Monarchen auf absolute Gewalt über Untertanen. Monarchen sind Erben des ersten Menschen Adam und Ausdruck der natürlichen patriarchalen Struktur der Familie. Zudem sind Menschen weder frei geboren noch intellektuell in der Lage, eine gute Regierung zu bestimmen. Locke widerlegt Filmers Argumentation mit großer Sorgfalt, bevor er in der zweiten Abhandlung seine politische Theorie entwickelt. Diese Struktur erinnert an die Zurückweisung angeborener Ideen im *Esssay*, bevor eine empiristische Ideentheorie entfaltet wird. In beiden Fällen geht es um die Zurückweisung externer Autoritäten und um die Autonomie der individuellen, natürlichen Erfahrung bzw. der individuellen, natürlichen Rechte.

Natürliche, vorstaatliche Rechte formulieren Ansprüche auf Leben, Freiheit und Besitz. Ihnen korrespondieren natürliche Pflichten wie besondere Hilfspflichten. Es gibt also korrespondierende natürliche Rechte und Pflichten. Wenn wir der Deutung von John Simmons [1992] folgen, können wir natürliche Rechte und Pflichten verstehen als (1) Pflicht zu Selbsterhaltung und entsprechende Rechte auf Leben, Freiheit und Besitz sowohl am eigenen Leib als auch den Früchten der eigenen Arbeit sowie (2) eine Pflicht zu Erhaltung anderer Personen, falls diese nicht mit der Pflicht zu Selbsterhaltung in Widerstreit gerät. Daraus ergeben sich (3) die Pflicht, nicht das Leben anderer zu nehmen, sowie (4) die Pflicht, andere nicht ihrer Selbsterhaltungsgrundlagen zu berauben.

In den *Treatises* gibt Locke jedoch keine rationale Ableitung der natürlichen Rechte und Pflichten, sondern verweist auf Gott als ihre Quelle. Locke steht hier in der Tradition des Naturrechts als eines Rechts, das durch göttlichen Willen begründet und durch die menschliche Vernunft erkennbar ist. Nicht nur bei Locke, auch in den Naturrechtslehren des Samuel von Pufendorf (1632–94) ist das Naturrecht nicht allein in der Anthropologie begründet, wie bei Hobbes, sondern findet seinen Geltungsgrund in Gott als dem wirklichen Gesetzgeber der Welt. In der Naturrechtslehre des deutschen Frühaufklärers Christian Thomasius (1655–1728) gründet das Recht gleichfalls auf dem Befehl Gottes. Was allerdings bei Thomasius und Locke hinzukommt, ohne das theologische Fundament zu verlassen, ist das Streben nach Glück bzw. Selbsterhaltung als Grundlage natürlicher Rechte. Die spezifischen natürlichen Rechte leiten sich bei Locke daraus ab, dass Gott die Erde der Menschheit ebenso zum Geschenk gemacht hat wie den jeweils eigenen Körper. Es macht bisweilen den Anschein, als wären die natürlichen Rechte und Pflichten angeboren. Somit steht Lockes Konzeption des Naturrechts in einem Kontrast zum *Essay*, weist Locke doch dort nicht nur angeborene moralische Prinzipien zurück, sondern argumentiert auch, dass moralische Prinzipien wie mathematische auf deduktive Weise erkannt werden können. Es ist allerdings unklar, ob das Naturrecht auf Gottes Willen beruht oder eine nicht-theologische Rechtfertigung möglich wäre. Der einflussreichen Deutung von Leo Strauss [1953] zufolge ist der theologische Rahmen nicht aufrichtig gemeint; Locke verfolgt ebenso wie Hobbes eine durchaus utilitaristische und auf Selbsterhaltung gerichtete politische Philosophie. In Anbetracht der großen Unterschiede zwischen Hobbes und Locke und des Gewichts der theologischen Fundierung kann diese Lesart kaum überzeugen.

Wie Hobbes setzt Locke zwar die Frage nach der legitimen Form politischer Herrschaft bei einem vorstaatlichen Naturzustand an, den er allerdings nicht als Krieg aller gegen alle versteht, sondern als einen Zustand, in dem jeder Person Freiheit sowie Besitz am eigenen Körper und Besitz der eigenen Arbeit gleichermaßen zukommt. Wer andere Personen tötet, verletzt, versklavt oder bestiehlt, verstößt gegen das Naturrecht. Jeder Person kommt das sekundäre Recht zu, solche Verstöße gegen seine Person und gegen Dritte zu ahnden, was bedeutet, dass jeder Mensch auch ein «Vollstrecker des natürlichen Gesetzes» ist [*Treatise* § 8]. Entsprechend ist der Naturzustand ein Leben ohne gemeinsame richtende Gewalt, eine politische Gemeinschaft hingegen besteht in der Einrichtung einer Staatsgewalt, der die richtende und damit auch die rechtssetzende Gewalt übertragen wird. Dabei ist Lockes Naturzustand kein historisch früher Zustand, den es auf jeden Fall zu überwinden gilt, wie bei Hobbes, sondern die natürliche moralische Beziehung zwischen Personen, die durch Übereinkunft teilweise an den Staat delegiert werden, aber dennoch weiter bestehen kann. Lockes Naturzustand ist kein hypothetischer Urzustand, sondern ein historischer und aktueller Zustand.

In diesem Zusammenhang formuliert Locke eine seiner bekanntesten Lehren: seine Theorie des Eigentums. Da jeder Mensch Eigentum an seinem Körper hat und die Erde der Menschheit zum Geschenk erschaffen worden ist, werden natürliche Ressourcen, in die er Arbeit investiert – oder wie Locke es missverständlich ausdrückt: mit ihr ‹vermischt› –, zu Eigentum. Privateigentum ist also eine natürliche, keine gesellschaftliche Institution. Da durch Arbeit natürliche Ressourcen an Wert gewinnen – ein Stück Boden trägt durch Bearbeitung mehr Früchte –, gehören auch die Erträge zum Eigentum. Nun nimmt Locke zwei Einschränkungen vor. Erstens darf man nicht mehr besitzen als man nutzen kann, ohne dass es verdirbt; zweitens müssen ausreichend natürliche Ressourcen für andere bleiben. Wer natürliche Ressourcen nicht bearbeitet oder diese verderben lässt, verspielt den Eigentumsanspruch. Es ist umstritten, wie diese Einschränkungen zu verstehen sind. Meistens wird die Definition des Eigentums als natürliche Ressourcen, in die jemand seine Arbeit investiert, als *deskriptive* Bestimmung von den Einschränkungen als *normative* Bestimmungen getrennt.

Beides gehört zusammen. Arbeit wird nicht nur in eine natürliche Ressource investiert, sondern ist eine zweckgerichtete Tätigkeit, die auf die Befriedigung von Bedürfnissen und auf Lebensgenuss zielt. Dies entspricht der ersten natürlichen Pflicht zur Selbsterhaltung. Die Einschränkung des Eigentumsanspruchs durch die Verschwendung von Ressourcen bzw. die Aneignung von raren Ressourcen verletzt hingegen die zweite natürliche Pflicht zur Erhaltung anderer Personen. Da zumindest bei der Verschwendung kein Widerspruch mit der Pflicht zu Selbsterhaltung entsteht, verliert eine Person den Eigentumsanspruch, wenn die Befriedigung eigener Bedürfnisse gewährleistet ist.

Dennoch hat bei Locke die Einzelperson einen klaren Vorrang und einen Anspruch auf ihre Arbeit. Durch Arbeit werde die natürliche Freiheit und Gleichheit von Personen gestärkt. Allerdings könne mit der Einführung des Geldes ein Ertrag erwirtschaftet werden, der weder verdirbt noch aus raren Ressourcen zehrt. Dass Lohnarbeit eine Produktivität ermöglicht, die die Abhängigkeit und Ungleichheit von Personen fördert, hat er zu wenig bedacht, weshalb Charles Macpherson [1990] Lockes Theorie des Privateigentums auf provozierende Weise als Ausdruck einer frühkapitalistischen Ideologie gedeutet hat.

Die Gründe für das Verlassen des Naturzustands sind Klugheitsgründe, denn im Naturzustand herrschen Unsicherheit und die Möglichkeit der Aggression. Im Unterschied zur aristotelischen Tradition ist der Staat für Locke keine natürliche Form der menschlichen Sozialität, sondern ein Instrument, das Wohlfahrt fördern und Leben, Freiheit und Eigentum schützen soll. Entsprechend kann ein Staat nicht legitim sein, der diese Zwecke nicht erfüllt oder sogar verletzt. Ein Staatswesen ist nur legitim, sofern es dem Willen und der Zustimmung der Personen entspringt, die es konstituieren oder ihm beitreten. Denn über die natürlichen Pflichten hinausgehende Pflichten – es existiert keine natürliche Pflicht, einer Staatsgewalt zu gehorchen – können nur durch Zustimmung und Übereinkunft generiert werden. Auch darf das Gemeinwesen nicht über diesen Willen hinaus Gewalt ausüben und muss die natürlichen Rechte wahren und schützen. Konsequenterweise tritt Locke für vollständige Bewegungsfreiheit, eine freie Wahl der politischen Gemeinschaft sowie ein Widerstandsrecht ein. Da das politische Gemeinwesen auf Zustimmung beruht, ist die demokratische Regierungsform die einzig legitime.

Allerdings betont Locke, dass Zustimmung auch stillschweigend erfolgen kann, nämlich durch die faktische Nutzung gemeinschaftlicher Einrichtungen. Andernfalls wäre die Ausübung von Staatsgewalt in aller Regel illegitim, weil kaum jemand ausdrücklich die Zustimmung gibt, sich den Gesetzen eines Gemeinwesens zu fügen. Dies führt allerdings zu dem merkwürdigen Resultat, dass wir in aller Regel nicht anders können, als stillschweigend unsere Einwilligung zu geben, da wir in politischen Gemeinwesen aufwachsen; auch tun wir dies in der Regel weder willentlich noch reflektiert. Es ist jedoch problematisch, ein solch faktisches und alternativloses Verhalten überhaupt als Zustimmung zu betrachten. Locke hätte konsequenterweise auf der expliziten Zustimmung beharren müssen, doch hätte dies vielleicht zu viel an individueller Autonomie und zu wenig an politischer Legitimität bedeutet. Weniger zurückhaltend hat der amerikanische Philosoph Robert Nozick [1974] auf Lockes Überlegungen zum Naturzustand eine libertäre Theorie des Minimalstaats aufgebaut.

Lockes Werk ist nicht nur eine der wichtigsten Quellen für den Empirismus und den Liberalismus, es deutet zugleich auch grundlegende Probleme an, mit denen diese beiden Ideen heute noch ringen. Der Empirismus beruht auf unklaren Vorstellungen des Ursprungs der sinnlichen Ideen (nämlich in den Substanzen), und der Liberalismus beruht auf unklaren Vorstellungen des Ursprungs der natürlichen Rechte (nämlich Gott). Der Empirismus wird von einer dauernden Bedrohung dessen heimgesucht, was er begründen möchte, nämlich des Wissens; der Liberalismus wiederum wird von der Instabilität dessen heimgesucht, das die natürlichen Rechte schützen soll, nämlich des Staates.

Lockes Spätphilosophie und die Cambridge Platoniker und Platonikerinnen

Die Hauptschriften Lockes sind alle fast gleichzeitig, nämlich 1688 und 1689 erschienen, als der Philosoph bereits über 55 Jahre alt war. Locke zog sich 1691 auf den Landsitz Oates von Sir Francis Masham (1646–1723) in Essex zurück, wo er seinen Lebensabend verbrachte. Neben zahlreichen Überarbeitungen und Erweiterungen des *Essays* arbeitete er an zwei Büchern über das Christentum und Erziehung (*Some Thoughts on Education*, 1693, *The Reasonableness of Christianity*, 1695). Wie gesagt, war Locke trotz seiner Kritik an religiösen Überzeugungen ein gläubiger Mann und interessierte sich lebenslang für das Studium der Bibel. Er versuchte ausreichend vernünftige Evidenzen für den seines Erachtens zentralen Glaubensartikel der christlichen Lehre vorzubringen, nämlich dass Jesus von Nazareth tatsächlich der Erlöser ist. Lockes Einstellung weist Übereinstimmungen mit den sogenannten Latitudinariern auf (von Engl. ‹latitude› = ‹Breite›). Die Latitudinarier vertraten eine tolerante Auffassung des Christentums auf der Grundlage weniger zentraler Lehren. Zwischen 1650 und 1680 war Locke mit zahlreichen Führern dieser Bewegung in persönlichen Kontakt gekommen, und seine Bibliothek enthielt über hundert Titel aus dem Umkreis dieser Bewegung.

Ein Brennpunkt des latitudinarischen Denkens war die Universität Cambridge und der Kreis der sogenannten Cambridge Platoniker. Die Gründerfigur der Cambridge Platoniker, Benjamin Whichcote (1609–83), betonte die Güte der menschlichen Natur und die Vereinbarkeit von Vernunft und Glaube. Neben John Smith (1618–52) und Nathaniel Culverwell (1619–51) gehörten insbesondere Henry More (1614–87) und Ralph Cudworth (1617–88) zu den bedeutenden Denkern dieser Gruppe. Die Bezeichnung «Platoniker» ist etwas irreführend, wenn sie vermuten lässt, dass diese Denker sich vorrangig mit dem Platonismus beschäftigt hätten. Vielmehr verbanden sie ein lebhaftes Interesse an Platon und an der christlichen Theologie mit einer frühen und intensiven Rezeption der cartesianischen Philosophie. Sie bemühten sich um das Unternehmen, die mechanistische Naturphilosophie Descartes' mit einer platonischen Metaphysik zu vereinen. Zu diesem Zweck mussten sie eine vermittelnde Instanz einführen, die zwischen dem göttlichen Wesen und dem mechanischen Universum vermittelt, eine Art spiritueller kausalen Wirkkraft, die More als «Geistige Natur» (*Spirit of Nature*) und Cudworth als «Plastische Natur» (*Plastick Life of Nature*) bezeichnete. Mithilfe dieser Zwischeninstanz konnte der Okkasionalismus vermieden und dem kausalen Lauf der Natur selbst eine vernünftige, teleologische Ausrichtung zur Vervollkommnung unterstellt werden. Während More ein produktiver Schreiber und Briefpartner Descartes' war, publizierte Cudworth zu Lebzeiten nur ein Werk, *The True Intellectual System of the Universe* (1678). Eine zentrale Absicht dieses umfangreichen und gelehrten Werkes besteht im Nachweis der Auffassung, dass alle vernünftigen Denker seit dem Altertum von der Annahme eines höchsten Wesens (Gott) ausgehen, woraus sich die grundsätzliche Vereinbarkeit des Glaubens mit der Vernunft ergebe. Allerdings grenzt sich Cudworth scharf von in seinen Augen materialistischen Denkern wie Hobbes und Spinoza ab.

Mores Schülerin Anne Conway (1631–79) versuchte, die Lehre von der vermittelnden Instanz zwischen Gott und der Natur in den *Principia philosophiae antiquissimae et recentissimae* (*Prinzipien der ältesten und modernen Philosophie,* 1690, engl. 1692) im Ausgang von den göttlichen Attributen herzuleiten und Gott als Quelle des Seins, die Natur als geschöpfte Kreatur und Christus als «mittlere Natur» (*middle nature*) zu bestimmen. Die Kreatur versteht Conway in Analogie zur geistigen Einheit Gottes zwar als geistige, aber nicht einheitliche und zersplitterte Substanz, deren Elemente sie als Monaden bezeichnet. Conway – selbst schwer krank – erklärte das Leid und die Unvollkommenheit der Schöpfung als Beweggrund zur Vervollkommnung der Schöpfung mithilfe der vermittelnden Natur von Christus. Insofern bietet Conways Werk auch eine Theodizee. Leibniz besaß ein Exemplar von Conways Werk und empfing daraus Anregungen für seine Monadologie.

Eine weitere Denkerin aus dem Umkreis der Cambridge Platoniker war Damaris Cudworth (1659–1708), die Tochter von Ralph Cudworth. Obwohl aus einer intellektuellen Familie stammend, wurde sie wesentlich von John Locke selbst zur Philosophie ermutigt, den sie 1682 kennenlernte und mit dem sie während seines Exils in den Niederlanden Briefe austauschte, die nicht nur eine intellektuelle, sondern auch eine Liebesbeziehung zum Ausdruck bringen. 1685 heiratete sie Francis Masham, wurde so als Lady Masham ab 1691 Lockes Gastgeberin auf Oates und ist die Verfasserin eines biographischen Manuskripts zu Lockes Leben. Ebenso wie Conways Werk wurden auch ihre beiden Schriften *A Discourse Concerning the Love of God* (*Eine Abhandlung über die Liebe Gottes*, 1696) und *Occasional Thoughts in Reference to a Vertuous or Christian Life* (*Gelegentliche Gedanken bezüglich des tugendhaften oder christlichen Lebens*, 1705) anonym publiziert.

6. Leibniz: Prästabilierte Harmonie und Theodizee

Zu der Debatte zwischen Arnauld und Malebranche hat auch ein Philosoph Stellung genommen, der in diesem Kapitel im Vordergrund stehen wird: Gottfried Wilhelm Leibniz (1646–1716). Leibniz' Stellungnahme war zum Teil öffentlich, zum Teil äußerte er sich in direkter Korrespondenz mit Arnauld. Inhaltlich stand er den beiden Protagonisten der Debatte in seiner eigenen, rationalistischen Philosophie sehr viel näher als der Empirist John Locke, der ebenfalls auf die Debatte reagierte, die für ihn ein weiterer Beleg dafür war, dass die rationalistischen Aspekte der cartesischen Philosophie in eine philosophische Sackgasse führten.

Leibniz bezog zunächst in seinen 1684 veröffentlichten *Meditationes de cognitione, veritate et ideis* (*Betrachtungen über die Erkenntnis, die Wahrheit und die Ideen*, 1684) Stellung zur

Debatte und vertiefte diese Überlegungen nicht lange darauf in seiner wichtigen systematischen Schrift *Discours de Métaphysique* (*Metaphysische Abhandlung,* 1686), die er als eine Art geistiger Visitenkarte seiner erneuten Kontaktaufnahme mit Arnauld in stark gekürzter Form beifügte. In der darauffolgenden Korrespondenz mit Arnauld – die politisch gewollt war im Sinne eines Programms der Versöhnung der christlichen Religionen, der Leibniz sich zeitlebens verpflichtet fühlte – führte er seine eigene Position dazu weiter erläuternd aus, immer mit engem Bezug auf die Debatte mit Malebranche.

Leibniz hatte beide Autoren bereits auf einer diplomatischen Mission mehr als ein Jahrzehnt zuvor kennengelernt, während der er sich von 1672 bis 1676 zumeist in Paris aufhielt, mit wichtigen Unterbrechungen für Reisen nach London (1673, 1676) und Den Haag, wo er 1676 Spinoza besuchte. Den aufstrebenden jungen Gelehrten hatte zu diesem Zeitpunkt aber weder Arnauld noch Malebranche als philosophisch ernstzunehmendes Gegenüber wahrgenommen. Vielmehr trat der universell interessierte Leibniz zunächst primär als Mathematiker in Erscheinung, der unter anderem eine aufsehenerregende Rechenmaschine erfunden hatte und 1675 die Infinitesimalrechnung als Methode der Berechnung von Differentialen und Integralen erfand. Zeitgleich stieß Isaac Newton (1643–1727) auf dieses Verfahren, was zu Beginn des 18. Jahrhunderts zu Plagiatsvorwürfen seitens des Physikers und einem lange anhaltenden und Leibniz sehr belastenden Prioritätenstreit führte. Heute wird allgemein akzeptiert, dass Leibniz und Newton dieselbe Methode in anderer Notation unabhängig voneinander entdeckt hatten. Bei seiner Ankunft in Paris war Leibniz noch keine dreißig Jahre alt. Er wurde 1646 in Leipzig als Sohn eines Gelehrten geboren und hatte dort bereits 1661 mit einem Studium begonnen, das wie üblich als ein Studium Generale konzipiert war, bevor er – nach einem kurzen Aufenthalt an der Universität Jena und einer philosophischen Promotion 1666 – in die juristische Fakultät in Altdorf wechselte und 1667 dort promoviert wurde. Dem 21-Jährigen wurde sofort eine Professur angeboten, die er aber ablehnte.

Stattdessen trat er in die Dienste des Kurfürsten von Mainz und wurde 1672 auf die erwähnte Mission nach Paris geschickt. Dass man ihn dort kaum als Philosophen wahrnahm, hatte durchaus eine Entsprechung in Leibniz' Selbstwahrnehmung, denn obwohl er in dieser Zeit verschiedene kleinere Essays zu philosophischen Fragen verfasste, deren neuplatonische Anklänge sich auch in seiner reiferen Philosophie noch finden, hatte er noch keine ganz eigenständige philosophische Haltung gefunden. Die Begegnung mit Spinoza beeindruckte ihn jedoch nachhaltig, und es dauerte einige Jahre, bis er sich von diesem Einfluss lösen konnte. Kurz darauf kehrte er – nachdem sich die Hoffnung auf Anstellungen in Paris und London zerschlagen hatten – nach Deutschland zurück, diesmal als Berater, Bibliothekar und Historiker an den Hof des Herzogs Johann Friedrich von Braunschweig-Lüneburg (1625–79) in Hannover. Leibniz blieb auch nach dem Tod von Johann Friedrich in den Diensten dieses Fürstenhauses, zunächst unter seinem Nachfolger Ernst August (1629–98), mit dessen Frau Sophie von der Pfalz (1630–1714) Leibniz eine enge Freundschaft und gemeinsame kulturelle und wissenschaftliche Interessen verbanden, später unter dessen Sohn Georg Ludwig (1660–1727), der unter dem Namen Georg I. 1714 König von Großbritannien wurde. In den Diensten dieses Fürstenhauses erneuerte er 1786 den Kontakt zu Arnauld, nunmehr aber mit einem selbstbewussten und originellen Debattenbeitrag im *Discours*, den er selbst noch Jahre später als erste Darstellung seines ausgereiften Systems begriff.

Substanzen als Monaden

Die unter großem öffentlichem Interesse geführte Debatte zwischen Arnauld und Malebranche bot dazu einen hervorragenden Anlass. Leibniz waren einige der Thesen Malebranches durchaus sympathisch – etwa eine Ideentheorie, die sich ganz auf deren objektive Seinsweise (ihren Inhalt) konzentrierte. Andere Thesen lehnte er jedoch vehement ab, darunter den Okkasionalismus (der ja auch Arnauld nicht fremd war) und seine

Vorstellung einer Partizipation an den Ideen Gottes, die er des Spinozismus verdächtigte. Was aber war Leibniz' Alternative?

Man versteht sie vielleicht am besten, wenn man von zwei Grundprinzipien der Erklärung ausgeht, die Leibniz so konsequent zur Grundlage seines Philosophierens macht wie höchstens Spinoza vor ihm: erstens das Prinzip vom ausgeschlossenen Widerspruch und zweitens das Prinzip des zureichenden Grundes [*Monadologie*, 1714, 1720 §§ 31 f.]. Für Leibniz gibt es keine Tatsachen, die sich nicht widerspruchsfrei erklären lassen. Wir können seine Erklärungen in dieser kurzen Darstellung allerdings nur sehr knapp andeuten.

Weiterhin legt sich Leibniz darauf fest, dass das Ende der Erklärungen aller Tatsachen dasjenige sein muss, von dem diese Tatsachen abhängen, und das kann für ihn nichts anderes sein als ein persönlicher Schöpfergott, der die Welt erschaffen hat und nicht (wie der Gott Spinozas) mit dieser identisch ist. Metaphysisch gesehen ist Gott damit die einzige nicht-geschaffene Substanz. Die geschaffene Welt ist eine Welt der geschaffenen Substanzen. Letztlich gibt es für Leibniz nichts außer Substanzen. Alles andere existiert entweder in Abhängigkeit von diesen oder es existiert nur scheinbar, d. h. als Phänomen.

Dabei legt Leibniz seinem Denken einen etwas anderen Begriff der Substanz zugrunde als Spinoza oder Descartes. Wir haben gesehen, dass sowohl Descartes als auch Spinoza an die aristotelische Substanzkonzeption anknüpfen, diese aber unterschiedlich interpretieren. Eine weitere Interpretation der aristotelischen Tradition finden wir nun bei Leibniz. Er geht zunächst gleichfalls davon aus, dass Substanzen einerseits wesentlich Subjekte der Prädikation sind, selbst aber keine Eigenschaften sein können (Prädikationskonzeption), und dass sie andererseits unabhängig von anderem existieren können (Unabhängigkeitskonzeption). Wenn man allerdings die Prädikationskonzeption ernst nimmt, so wirft Leibniz Descartes vor, dann können ausgedehnte Gegenstände keine Substanzen sein. Ausgedehnte Gegenstände sind nämlich für Descartes immer Komplexe anderer ausgedehnter Gegenstände, auf die sie reduziert werden können. Dasselbe gilt auch für den ausgedehnten ‹Supergegenstand›, die cartesische *res extensa*. Ihre Eigenschaften hängen wiederum von den Eigenschaften ihrer Bestandteile ab, auf die sie *reduziert* werden können. Sie selbst kann deshalb keine Substanz im Sinne der Prädikationskonzeption sein. Dies wiederum gilt auch für ihre Bestandteile, die selbst wieder Bestandteile haben werden etc. Letzte Bestandteile gibt es in Descartes' ausgedehnter Substanz nicht, und deshalb kann sie selbst weder Substanz sein noch Substanzen enthalten.

Leibniz setzt in dieser Überlegung eine Eigenschaft von Substanzen voraus, die Descartes nicht thematisiert, die aber bei Spinoza zumindest implizit eine wichtige Rolle spielt: Substanzen sollen wesentlich *Einheiten* sein. Was keine Einheit ist, hat auch kein wahres (also: substantielles) Sein, wie Leibniz im wichtigen Briefwechsel mit Arnauld erläutert. Diese Einheitsvorstellung hat gleichfalls aristotelische Wurzeln. Substanzen erfordern bei Aristoteles immer ein Zusammenspiel von Materie und Form. Es ist die Funktion der *Form*, die Materie zu Materie einer spezifischen *Art* macht. So macht etwa die Form *Buche* den konkreten Baum vor meinem Fenster zu einer Buche, doch dass der Baum mit der Buchenform *diese* konkrete Buche vor meinem Fenster und nicht die Buche hinter dem Haus ist, dafür zeichnet die konkrete geformte Materie verantwortlich. Für echte Substanzen gilt Leibniz' Ansicht nach, dass sie Arten sind, die keine weitere Unterteilung mehr zulassen (*infima species*). Dabei handelt es sich sozusagen um konkreteste Begriffe. Unter solche Begriffe fällt, so Leibniz, nur ein einziger Gegenstand, und zwar genau der Gegenstand, der durch diesen Begriff vollständig in seinem Sein erfasst und von allen anderen Gegenständen unterschieden wird. Solche *infima species* individuieren Materie vollständig, d. h. die Materie leistet dazu nun keinen Beitrag, die Individuation erfolgt allein durch den konkreten Begriff.

Diese begrifflichen Formen, die *infima species*, sind für Leibniz mentaler Natur und damit nichts anderes als Seelen oder Geister. Deshalb sind solche geistartigen Entitäten das Fundament von allem, was existiert. Metaphysisch sind sie primär, weil sie in Gottes Geist als Formen existieren, die Gott betrachtet, bevor er die tatsächliche Welt erschafft, indem er für eine der möglichen Welten Einheiten von Form und Materie erzeugt, also individuelle Substanzen, die aus geistig-begrifflicher Form und Materie zusammengesetzt sind. Diese Formen bezeichnet Leibniz in seinen Schriften und Briefen ab ca. 1690 als *Monaden* – wie wir gesehen haben in Anlehnung an die Begrifflichkeit von Anne Conway.

Formen verleihen Substanzen also jene Einheit, die sie zu individuellen Substanzen macht. Da man diese geistigen Einheiten als begriffliche Einheiten auffassen kann – Leibniz legt diese Betrachtungsweise in seinen Schriften der 1680er Jahre selbst nahe –, sieht es bisweilen so aus, als zöge Leibniz seine metaphysischen Überzeugungen ganz aus begriffslogischen. Das Wesen einer Substanz ist nichts anderes als ihr vollständiger Begriff, d. h. ihre vollständige begriffliche Charakterisierung. Auch wenn diese Sichtweise wichtige Fragen offenlässt, die Leibniz später in rein metaphysischen Theorieteilen – insbesondere der ausgearbeiteten Lehre von den Monaden – beantwortet, ergeben sich doch einige wesentliche Prinzipien seiner Philosophie unmittelbar aus der geschilderten Auffassung.

Erstens folgt unmittelbar das *Prinzip der Identität von Ununterscheidbarem*, das besagt, dass keine zwei Monaden völlig gleich sein können, sondern sich unterscheiden müssen. Leibniz fordert für Verschiedenheit *intrinsische* Unterschiede, d. h. eine bloß unterschiedliche Verortung in Zeit und Raum reicht nicht aus. Zweitens ist jede Monade ein Spiegel des ganzen Universums. Diese überraschende Implikation kann man sich plausibel machen, indem man sich vergegenwärtigt, dass die begrifflichen Wahrheiten über eine Monade auch ihre Beziehungen zu anderen Gegenständen enthalten müssen, und zwar zu allen Gegenständen, die je existiert haben und je existieren werden [*Discours* § 8]. Modern gesprochen könnte man sagen, dass Leibniz eine Art Begriffsholismus vertritt, weil der Inhalt jedes einzelnen Begriffs sich erst in seinem Zusammenhang mit allen anderen Begriffen ergibt. Drittens behauptet Leibniz, dass es keine kausale Interaktion zwischen *geschaffenen* Substanzen geben dürfe. Alle (vergangenen, gegenwärtigen und künftigen) Eigenschaften einer Substanz oder Monade müssen ja aus ihrem vollständigen

Begriff folgen, sodass es keinen kausalen Einfluss anderer endlicher Substanzen geben kann. Monaden haben, wie Leibniz später formuliert, keine Fenster. Allerdings muss natürlich die erschaffende Substanz (Gott) mit den geschaffenen Substanzen kausal interagieren können, sonst wäre die Erschaffung selbst ja unmöglich. Dieser Schaffensakt ist der einzige kausale Akt, der *nicht* aus der Natur der geschaffenen Substanzen selbst folgt. Viertens schließlich ergibt sich aus dem Gesagten die von Gott eingerichtete *prästabilierte Harmonie* zwischen allen endlichen Substanzen, die den Eindruck der Wechselwirkung zwischen ihnen erzeugt. Diese prästabilierte Harmonie ist Leibniz' Antwort auf den Okkasionalismus und seine Lösung für das cartesische Problem geistiger Verursachung. Gott verursacht nicht jede einzelne Vorstellung in uns, die wir dann als die Wirkung einer körperlichen Ursache auffassen (wie die Okkasionalisten meinten), sondern erschafft uns so, dass sämtliche scheinbar kausalen Interaktionen in der Welt aufeinander abgestimmte kausale Selbstentfaltungen von geschaffenen Monaden sind.

Substanzpluralismus

Nun hatte Spinoza, wie wir gesehen haben, argumentiert, dass es nur eine einzige Substanz geben könne und jede weitere Substanz von dieser ununterscheidbar und damit mit ihr identisch sein müsse. Leibniz hält das für falsch, da sich auch gleichartige Substanzen unterscheiden können. Um zu verstehen, wie das möglich ist, müssen wir mehr über die Monadenlehre erfahren. Zunächst müssen wir unsere Aufmerksamkeit darauf lenken, dass jede einzelne geschaffene Substanz, auch wenn ihre kausale Geschichte von Beginn an festgelegt ist, doch ihre eigene Kausalität besitzt, also ihr eigenes aktives, dynamisches Prinzip, ein Streben (*appétit*) nach Veränderung. Zugleich ist jeder einzelne Zustand einer Monade immer auch durch einen spezifischen geistigen Zustand charakterisiert, nämlich eine Vorstellung (*perception*). Diese Vorstellungen repräsentieren als geistige Zustände einer Monade jeweils das ganze Universum (deshalb ist jede Monade Spiegel der gesamten Schöpfung).

Allerdings müssen sie nicht zwingend als bewusste Vorstellungen gedacht werden. Das Haben bewusster Vorstellungen (*apperception*) ist bei Leibniz eine Funktion der Klarheit und Deutlichkeit der Vorstellungen, die aber nicht jeder Monade auf die gleiche Weise zukommt. Zum einen ist da der genannte Unterschied hinsichtlich Klarheit und Deutlichkeit. Im höchsten Grade klar und deutlich ist allein Gottes Begriff des Universums, doch auch bei geschaffenen Monaden gibt es gravierende Unterschiede bezüglich Klarheit und Deutlichkeit. Leibniz unterscheidet *einfache* Monaden, *Tiermonaden* und *rationale Monaden*. Die einfachen Monaden repräsentieren lediglich unbewusst das Universum. Tiermonaden sind bereits zu assoziativen Verknüpfungen in der Lage und können sich deshalb in der Umwelt orientieren und lernen. Nur die rationalen Monaden verfügen über Selbstbewusstsein, über die Fähigkeit zum reflexiven Bezug auf die eigenen geistigen Zustände *als* Zustände ihres Geistes. Sie sind prinzipiell in der Lage, von der bloß sinnlichen Erkenntnis empirischer Tatsachen zur Erkenntnis von deren Fundierung in rein begrifflichen und notwendigen Vernunftwahrheiten überzugehen. Zu diesen Vernunftwahrheiten gehört auch die Einsicht, dass alle unsere Vorstellungen oder Ideen angeboren sind (Monaden haben ja keine Fenster), aber für uns zunächst nur dunkel und verworren, mithin verborgen sind. Sie können von uns zur Klarheit und Deutlichkeit gebracht werden, und dank dieser Fähigkeit sind wir in der Lage, ein wissendes Weltverhältnis zu vertiefen, das den erkennenden Bezug auf Gott als Möglichkeit immer miteinschließt.

Die einzige wahrhafte Realität ist für Leibniz die Realität der Monaden. Es stellt sich daher die Frage nach dem Status von körperlichem Sein in Leibniz' Philosophie. Sind Körper auch Monaden? Wir haben bereits gesehen, dass sie als ausgedehnte Entitäten keine Substanzen, mithin keine Monaden sein können. Andererseits gibt es bei Leibniz zahlreiche Bemerkungen, die ihn letztlich darauf festlegen, dass Körper ein Fundament in der metaphysischen Realität haben, das damit selbst aus Monaden bestehen muss. Man könnte stark vereinfachend sagen, dass Körper einfache Monaden sind (metaphysische Realität), die uns auf bestimmte Weise erscheinen. Bei der empirischen Realität handelt es sich somit um eine repräsentationale oder phänomenale Realität.

Letztlich legt sich Leibniz damit auf eine reduktionistische Konzeption von körperlichem Sein fest. Körper werden als Erscheinungen auf eine Monadenrealität zurückgeführt. Leibniz behauptet weiterhin, dass jeder geschaffenen Monade ein Körper zugeordnet ist, mit dem gemeinsam sie einen lebendigen Organismus bildet. Ja, prinzipiell gilt dies sogar für alle Monaden, die einen Körper konstituieren, und so weiter ins Unendliche! Die ihn konstituierenden Monaden stehen zudem in der erwähnten Beziehung der prästabilierten Harmonie zu der *dominierenden* Monade, der sie zugeordnet sind und die die untergeordneten Monaden zu einer (sozusagen sekundären) Einheit macht. Leibniz bezeichnet diese nicht-substantiellen Einheiten bisweilen als Maschinen [z.B. *Monadologie* § 64].

Damit wissen wir nun genug über Monaden, um zu verstehen, wie Leibniz Spinozas Behauptung zurückweisen kann, dass es nur eine Substanz geben könne. Dass er sie zurückweisen muss, ist klar geworden, gibt es seiner Theorie gemäß ja nicht bloß viele, sondern sogar unendlich viele geschaffene Substanzen oder Monaden unterschiedlichster Bewusstseinsgrade. Zudem enthält jede einzelne Monade unendlich viele Monaden in sich. In seiner Argumentation bezieht sich Spinoza auf das Prinzip der Identität von Ununterscheidbarem, das auch Leibniz selbstverständlich akzeptiert. Doch Leibniz kann dem entgegensetzen, dass es sehr wohl Unterschiede in Monaden gibt, obwohl jede Monade das ganze Universum repräsentiert. Denn Leibniz' Monaden unterscheiden sich, wie Nicholas Jolley [2005] treffend formuliert, hinsichtlich ihrer *Perspektive* auf das Ganze, das jede von ihnen erfasst. Und diese Unterschiede in der Perspektive ergeben sich direkt aus den unterschiedlichen Graden von Klarheit und Deutlichkeit, mit denen sie das Universum in ihren jeweiligen Vorstellungen abbilden. Leibniz ist darauf festgelegt, dass Gott die beste aller möglichen Welten erschafft. In seinen Augen kann Gott nicht willkürlich aus der Menge der moralisch akzeptablen Welten eine erschaffen haben, die gut genug ist, vielmehr muss Gott sich dem Satz des zureichenden Grundes fügen [*Monadologie* § 32].

Die beste aller möglichen Welten

Wenn gilt, dass es für alles, was existiert, einen Grund geben muss, dass es existiert und dass es so existiert und nicht anders, muss Gott einen solchen Grund gehabt haben, genau diese Welt zu schaffen. Da Gott das vollkommenste aller Wesen ist [*Discours* § 1, *Monadologie* § 41], müssen ihm alle möglichen Welten bekannt sein, muss er jede mögliche Welt schaffen können und der Inbegriff der Güte sein. Somit erschafft Gott notwendigerweise die beste aller möglichen Welten. Nun muss Leibniz zeigen, dass diese Welt trotz der offensichtlich in ihr vorkommenden Übel die beste mögliche Welt ist. Anders als Malebranche kann Leibniz keinen Unterschied zwischen Gottes Denken und Wollen zulassen und daraus einen Kontrast zwischen der vollkommensten und der bestmöglichen Welt ableiten. Allerdings unterscheidet sich Leibniz' Auffassung im Effekt unwesentlich von derjenigen seines französischen Kollegen.

Das Problem des Bösen oder des Übels umfasst nicht nur die «moralischen Übel» (wie Missbrauch, Versklavung, Mord, Folter, Krieg), sondern auch die «natürlichen Übel» (wie Krankheit, Wahnsinn, Unfälle, Naturkatastrophen). Für jeden denkenden Menschen stellt die Existenz dieser Übel einen ethischen und intellektuellen Skandal dar, für Leibniz' optimistische Thesen der besten aller möglichen Welten stellt sie darüber hinaus eine gewichtige theologische und metaphysische Herausforderung dar. Von seinen frühen Arbeiten bis zum Werk *Essais de Théodicée* [*Versuche in der Theodizee*, 1709] beschäftigte sich Leibniz intensiv mit diesem Problem. Das Theodizee-Problem stellt Gott vor eine doppelte Herausforderung. Die Existenz des Übels impliziert entweder, dass Gott das Übel nicht kennt (dann wäre er nicht allwissend), nicht beseitigen kann (dann wäre er nicht allmächtig), nicht beheben will (dann wäre er nicht allgütig) oder dass Gott in die Existenz der Übel ursächlich involviert ist. Wie können die Existenz Gottes und die Existenz der Übel in Übereinstimmung gebracht werden?

Auf den ersten Blick scheint die Kritikerin der These, Gott habe die beste aller möglichen Welten erschaffen, leichtes Spiel zu haben, braucht sie doch nur auf eine Welt zu verweisen, in der ein schreckliches Ereignis X nicht stattgefunden hätte. Wäre sie nicht offensichtlich besser? Dem hält Leibniz entgegen, dass wir nicht wissen können, ob eine Welt ohne X tatsächlich alles in allem besser wäre, weil wir nicht wissen, wie eine solche Welt alles in allem aussehen würde. Es wäre ja möglich, dass das Fehlen von X alles in allem zu einer schlimmeren Welt führen würde. Außerdem beurteilt die Kritikerin die Güte der Welt von einem anthropozentrischen Standpunkt aus. Warum aber sollten wir das menschliche Glück als Maß der Güte der Welt nehmen, und nicht das Glück aller vernünftigen und fühlenden Wesen, Engel, Tiere, Außerirdische und Gott eingeschlossen? Leibniz lässt das Glück der vernünftigen Wesen allein nicht als Maß gelten [*Essais* § 120], vielmehr führt er die Vereinigung eines Maximums an Vielfalt mit einem Minimum an Gesetzen als Maß für die beste aller möglichen Welten an [*Discours* § 5]. Die Schöpfung müsse ein möglichst reichhaltiger Spiegel der göttlichen Vollkommenheit sein. Hätte Gott nun das schreckliche Ereignis X auf wundersame Weise verhindert, wäre die Welt weniger vollkommen, da sie mehr Gesetze (wie z.B. göttliche Wunder) und weniger Vielfalt zulassen würde. Leibniz teilt zwar die Meinung der Kritikerin, dass nicht jedes Geschehen das beste mögliche Geschehen ist, aber dies widerspricht nicht der Idee, dass diese Welt nach metaphysischen Maßgaben alles in allem die beste mögliche Welt ist. Allerdings weckt Leibniz auch die Hoffnung, dass das anthropozentrische Maß des menschlichen Glücks mit den metaphysischen Maßgaben prinzipiell vereinbar sein müsste [*Discours* § 36].

Auch sollte man nicht glauben, dass Gott die Übel willentlich verfüge, er lässt sie lediglich zu. Gott darf die Übel jedoch nur zulassen, wenn sie notwendig sind für das Bestehen der besten aller möglichen Welten. Insofern ist Gottes Güte nicht durch die Existenz vieler einzelner Übel tangiert, da Gott nicht möchte, dass diese Übel existieren, sondern will, dass die beste aller möglichen Welten existiert. Zu diesem Zweck lässt er Übel zu, die jedoch Übel nur aus einer eingeschränkten Perspektive sind.

Bisweilen wird Leibniz so verstanden, als würde Gott die Übel schaffen, um dem Menschen die Freiheit zur eigenen Vervollkommnung zu geben. Das ist nicht der Fall. Denn erstens kann Gott nicht Übel wollen, um Gutes zu schaffen; dann würde er ja etwas Schlechtes wollen, was mit seiner Vollkommenheit nicht in Übereinstimmung gebracht werden kann. Zweitens stellen sich für Leibniz zwei eigene Probleme hinsichtlich der göttlichen und der menschlichen Freiheit. Da Gott die beste aller möglichen Welten schaffen muss, wäre er dann überhaupt noch frei, etwas anderes zu schaffen? Weil Gott nicht durch äußere Zwänge genötigt schöpft, sondern allein aufgrund der ihm eigenen vollkommenen Natur, kann er nicht als unfrei gelten, im Gegenteil. Wenn aber Gott in der Schöpfung der besten aller möglichen Welt den ganzen Verlauf des Universums vor Augen haben muss, bleibt dann dem Menschen noch übrig, etwas anderes zu tun, als was in diesem Verlauf vorgesehen ist? Ganz im Gegensatz zu Descartes weist Leibniz (wie auch Spinoza) den Gedanken eines freien Willens zurück, der es uns erlauben würde, in jeder Situation auch anders zu entscheiden als den uns bestimmten Verläufen gemäß. Dennoch gibt es menschliche Freiheit. Diese besteht (ähnlich wie bei Spinoza) nicht in der Spontaneität des Entschlusses, sondern in der Einsicht. Je mehr man Einsicht in die Ordnung der Welt gewinnt, desto mehr ist man in der Lage sich als aktiven Teil dieser Ordnung zu begreifen [*Discours* § 13].

Ethik und die ‹wahre Liebe Gottes›

Einsicht ist auch das bestimmende Motiv der Ethik bei Leibniz. Je mehr Einsicht jemand in die Vorteile oder die intrinsische Güte eines Objekts hat, desto mehr strebt sein Wille danach. Der Wunsch nach dem Guten oder die Liebe zum Guten folgen deshalb der Maßgabe der Einsicht in das Gute. Darum gehört die erste ethische Pflicht der Vervollkommnung der Vernunft, dem Instrument der Einsicht. Zum Glück gehört nicht nur, dass man tun kann, was man will, sondern in erster Linie, dass man erkennen kann, was gewollt werden soll. Im Anschluss an die aristotelische Tradition bestimmt Leibniz als Ziel der Ethik das Glück. Er verbindet diese Tradition auf interessante Weise mit der Lehre von der Gottesebenbildlichkeit des menschlichen Geistes. Nicholas Jolley [1990] hat diese Lehre als ein Zentrum der Philosophie von Leibniz erkannt. Leibniz zufolge ist der menschliche Geist ein Abbild des göttlichen Geistes, weil er in der Lage ist, Einsicht in die Natur des Universums zu erlangen und ebenso Bauwerke, Staaten und Reiche zu schaffen wie Gott Welten erschaffen kann [*Monadologie* § 83]. Im Unterschied zu Tieren und zu unserer tierlichen Natur ist Glück für Leibniz aber kein *Zustand* des Wohlergehens, sondern ein *Streben* nach einem Ziel. Dieses Ziel besteht letztlich darin, unserer Gottesebenbildlichkeit gerecht zu werden. Überspitzt könnte man sagen, dass das spezifisch menschliche Glücksziel darin besteht, zu werden wie Gott. Aber wie soll das gehen, werden wie Gott? Nach diesem Zustand streben wir in der wahren Liebe zu Gott.

Wahre Liebe besteht in der Freude am Wohlergehen, am Glück und an der Vollkommenheit derer, die man liebt [*Monadologie* § 90]. Dieser Auffassung zufolge kann man nur wahrhaft lieben, was in der Lage ist, selbst Freude und Glück zu empfinden. Auch die wahre Liebe ist kein Zustand, sondern ein Streben danach, Freude zu erlangen an Vollkommenheit, Wohl und Glück des Geliebten. Vereinfacht gesagt ist die wahre Liebe Freude an der Freude des Geliebten. Im Unterschied dazu besteht die unechte Liebe in der Freude an einem Andern, ohne Rücksicht darauf, ob dieser dadurch selbst Freude gewinnt. Auch die asketische Liebe ganz ohne eigene Freude, d.h. ohne selbstbezogenes Motiv, betrachtet Leibniz als eine Form unechter Liebe. Gegen Leibniz' Auffassung der wahren Liebe als Freude an der Freude eines geliebten Objekts könnte man einwenden, dass es z.B. für Eltern möglich sein müsste, ein Kind zu lieben, das aufgrund einer Krankheit elend, traurig und deprimiert ist. Weder empfindet das Kind Freude noch sollten die Eltern über diesen schrecklichen Zustand des Kindes erfreut sein. Trotzdem scheint es doch sinnvoll, hier von Liebe zu sprechen. Darauf würde Leibniz zu Recht entgegnen, dass wir nicht von Liebe sprechen sollten, wenn die Eltern nicht in der Lage wären, Freude an einer *möglichen* Freude dieses Kindes zu empfinden. Gerade diese Fähigkeit ist deshalb essenziell für die wahre Liebe.

Eine entscheidende Bedeutung kommt nun der Vollkommenheit des geliebten Objekts zu. Je vollkommener etwas ist, desto größer sind die Freude und das Glück über die eigene Vollkommenheit, und entsprechend steigt auch die Freude des Liebenden. Nun ist aber die Freude ein Übergang zu mehr Vollkommenheit. Freude ist sozusagen ein höheres Level an Energie. Spinoza, dem Leibniz hier wohl folgt, definiert Freude ausdrücklich als «Übergang des Menschen von geringerer zu höherer Vollkommenheit» [E3def2]. Mit der Freude an der Freude an der Vollkommenheit des geliebten Objekts nimmt deshalb auch die eigene Vollkommenheit zu. Da Gott das vollkommenste aller Wesen ist, muss die Liebe zu ihm uns vollkommen glücklich machen können, wie Leibniz in einem seiner letzten Texte, den *Principes de la nature et de la grâce fondés en raison* (*Prinzipien der Natur und der Gnade*, 1714) betont. Da die wahre Liebe zu Gott uns vollkommener macht, besteht in ihr zugleich die Erfüllung der Gottesebenbildlichkeit.

Entscheidend ist, dass die Einsicht in und die Liebe für das Wesen und die Schöpfung Gottes kein passiver Zustand der Betrachtung und Kontemplation sind, sondern ein Streben nach Einsicht und nach Glück. Zu diesem Streben gehört entscheidend die Einsicht, dass dies die beste aller möglichen Welten ist. Da jede Person Bestandteil dieser Welt ist und Anteil an ihr hat, trägt auch jede Person durch ihr von Einsicht und Liebe bestimmtes Tun und Lassen zur Vollkommenheit der besten Welt bei. Wiederum zugespitzt könnte man sagen: Wenn man wird wie Gott, hat man dadurch die Pflicht, zu der Entfaltung der besten aller möglichen Welten aktiv beizutragen. Darin besteht, wie gesagt, auch der Kern der menschlichen Freiheit: Je mehr ein Mensch Einsicht in die Ordnung Gottes und eben dadurch Liebe zu ihr gewinnt, desto mehr ist er in der Lage, sich als aktiven Teil dieser Ordnung zu begreifen. Der vollkommene Staat wäre die

Vereinigung aller erkennenden und liebenden Geister unter dem vollkommenen Monarchen, nämlich Gott; ein solcher Staat kann natürlich nichts weniger als eine universelle Monarchie sein [*Monadologie* §§ 85 f.]. Das anthropozentrische Maß des menschlichen Glücks ist also mit den metaphysischen Maßgaben für die beste aller möglichen Welten im Prinzip vereinbar.

Vergleicht man Leibniz' Monadologie, die Rolle, die Gott und der Liebe zu Gott zukommen, und schließlich die Idee einer universellen Monarchie als Abbild der Herrschaft Gottes über das Universum mit Lockes Empirismus und Liberalismus, entsteht vielleicht der Eindruck, dass Leibniz wenig Interesse an der Autonomie und keinen Beitrag zur Dynamik der Moderne geleistet hat. Das wäre verfehlt. Erstens steht Leibniz durchaus in der Tradition der Autonomie durch Einsicht, die wir bei Descartes und Spinoza kennengelernt haben. Zweitens führt Leibniz' Insistenz auf rationalen Prinzipien wie dem Satz vom zureichenden Grunde und dem Satz vom Widerspruch, der auch Gottes Akte unterworfen sind, zu einer starken Betonung der Autonomie der Vernunft. Drittens schließlich nimmt Leibniz' Gedanke der notwendigen Entfaltung und der aktiven Teilhabe an der besten aller möglichen Welten mit dem Ziel der universellen Monarchie aller erkennenden und liebenden Geister Motive der Geschichtsphilosophie des 19. und 20. Jahrhunderts voraus. So lautet etwa Immanuel Kants Antwort auf die Frage, ob die Weltgeschichte sich im Fortschritt zum Besseren befinde, vereinfacht gesagt, dass dies zutreffe, insofern wir die Überzeugung haben, dass sie dies tue, und insofern wir mit Enthusiasmus auf Ereignisse zum Besseren reagieren.

Christan Wolff und seine Schule

Der Einfluss von Leibniz' Philosophie auf die weitere Entwicklung der Philosophie der deutschen Aufklärung war tatsächlich erheblich. Einer ihrer bedeutendsten Vertreter, der Philosoph, Mathematiker und Jurist Christian Wolff (1679–1754), war entscheidend durch die Begegnung mit Leibniz' Philosophie geprägt und hat ihre systematische Ausarbeitung vorangetrieben – so weit, dass man lange nur von der Leibniz-Wolff'schen Philosophie sprach. Allerdings war Wolff nicht einfach ein epigonaler Vertreter einer Leibniz'schen Philosophie. Viele von Leibniz' Werken waren ihm auch noch gar nicht zugänglich, als er wichtige eigene philosophische Werke wie seine *Vernünftige Gedanken von Gott, der Welt und der Seele des Menschen, auch allen Dingen überhaupt* (meist kurz: *Deutsche Metaphysik*, 1719) verfasste, weil sie posthum veröffentlicht wurden (darunter 1720 die *Monadologie* mit der ausgearbeiteten Monadenlehre und 1765 die *Noveaux Essais sur l'entendement humain*); und in seiner Korrespondenz mit Leibniz ging es vor allem um mathematische Sachverhalte. Wolff hat in seinem Werk deshalb eine ganz eigene Synthese rationalistischer Denktraditionen geschaffen. In unermüdlicher Publikationstätigkeit versuchte Wolff dabei, Philosophie als strenge Wissenschaft zu etablieren, deren Gegenstand die Gesamtheit des begrifflich Möglichen ist. Methodologisch sollte sie sich durch klare Definition der verwendeten Begriffe, stringente Beweisführung und transparente und folgerichtige Darstellung ihrer Gedankengänge auszeichnen. Als einer der ersten Autoren hat er viele seiner philosophischen Schriften auch auf Deutsch vorgelegt und in diesem Zusammenhang durch die Übersetzung lateinischer Terminologie entscheidend zur deutschen philosophischen Begrifflichkeit beigetragen. Die Bemühungen von ihm selbst und seinen Schülern um eine umfassende Systematisierung der neueren rationalistischen Philosophie ermöglichten die inhaltliche Ausrichtung der Universitätslehre auf die neuere, post-cartesische Philosophie. Zu seinen Schülern zählte Alexander Gottlieb Baumgarten (1714–62), dessen Lehrbücher beispielsweise Immanuel Kant (1724–1804) seinen Vorlesungen zur Metaphysik und zur praktischen Philosophie zugrunde legte und der mit seiner *Aesthetica* (*Ästhetik*, Bd. 1 1750, Bd. 2 1758) eine umfassende Theorie des Schönen auf der Grundlage der Wolff'schen Philosophie entwarf, die dann von seinem Schüler Georg Friedrich Meier (1718–77) weiterentwickelt wurde.

Ein bedeutender Kritiker dieser Ästhetik war der jüdische Philosoph Moses Mendelssohn (1729–86), ein herausragender

Vertreter der Aufklärung in Deutschland und Wegbereiter der Haskala, der jüdischen Aufklärungsbewegung im ausgehenden 18. Jahrhundert. Baumgarten und Meier warf er vor, in ihrer metaphysischen und hoch abstrakten Begründung der Erfahrung des Schönen eben diesen Erfahrungsaspekt vernachlässigt zu haben: Ästhetik ist eine Teildisziplin, die ihre Prinzipien im Ausgang vom Erlebnis begründen muss, d. h. den komplexen und vielfältigen Gefühlen bei der Betrachtung schöner Gegenstände.

Mendelssohn verfasste aber keineswegs nur Arbeiten zur Ästhetik. Neben zahlreichen Schriften zur jüdischen Theologie waren auch seine philosophischen Interessen weitreichend: Im *Phädon oder über die Unsterblichkeit der Seele* (1767) entwickelt er eine rationale Psychologie, und in der *Abhandlung über die Evidenz in den metaphysischen Wissenschaften* (1763) argumentiert er für ein Verständnis von Metaphysik als Begriffsanalyse. Diese Abhandlung war als Antwort auf die Preisfrage der Berliner Akademie der Wissenschaften nach der Natur metaphysischen Wissens (in Vergleich zu und Abgrenzung von mathematischem Wissen) eingereicht worden und wurde mit dem ersten Preis ausgezeichnet. Auf den zweiten Platz kam damals die Abhandlung *Untersuchung über die Deutlichkeit der Grundsätze der natürlichen Theologie und Moral* eines anderen Philosophen, der bereits mit einigen interessanten Schriften an die Öffentlichkeit getreten war, dessen Bedeutung für die Philosophie aber zu diesem Zeitpunkt noch nicht abzusehen war: Immanuel Kant.

7. Kausalität und Sentimentalismus: Berkeley, Hume und Smith

Berkeleys Immaterialismus

John Locke, George Berkeley und David Hume werden oft unter dem Etikett «britischer Empirismus» zusammengefasst. Wie allerdings Berkeleys Reaktion auf Lockes Philosophie zeigt, scheiden sich diese Geister in grundlegenden Fragen.

George Berkeley (1685–1753) studierte von 1700 bis 1709 in Dublin. Nach dem misslungenen Versuch, in Nordamerika eine Mission und ein College zu gründen (1728–31), wurde er 1734 Bischoff von Cloyne (Irland). Mit 25 Jahren veröffentlichte er *A Treatise Concerning the Principles of Human Knowledge* (*Eine Abhandlung über die Prinzipien der menschlichen Erkenntnis*, 1710). Darin vertritt er die These des Immaterialismus: Die Materie existiert nicht, Ideen und physikalische Gegenstände nur, sofern sie durch endliche oder unendliche Geister wahrgenommen werden. Diese These verbirgt sich hinter dem berühmten Slogan *Esse est percipii* (Sein ist Wahrgenommenwerden). Berkeleys Immaterialismus stieß sogleich auf erheblichen Widerstand, dem er mit *Three Dialogues Between Hylas and Philonous* (*Drei Dialoge zwischen Hylas und Philonous*, 1713) zu begegnen versuchte. In *Passive Obedience* (1712) vertrat er die christlich inspirierte Lehre, dass dem Gesetz und seinem Urheber, dem Monarchen, absoluter Gehorsam geschuldet sei. In der politischen Philosophie liegt der Kontrast zu Lockes Liberalismus auf der Hand; aber auch die *Prinzipien* enthalten eine fundamentale Kritik an Locke. Berkeley bestreitet nämlich die Existenz abstrakter Ideen und damit eine der Säulen von Lockes Erkenntnis- und Sprachphilosophie. Bisweilen wird Berkeleys Argument so verstanden, dass abstrakte Ideen widersinnig seien, weil sie bildliche Vorstellungen ohne konkrete bildliche Inhalte bieten. Dann würde Berkeley Locke aber irrtümlicherweise eine bildliche Ideentheorie unterstellen. Berkeleys Argument sollte besser so verstanden werden, dass abstrakte Ideen zu Widersprüchen führen und deshalb unmöglich existieren können. Die abstrakte Idee eines Parallelogramms müsste z. B. die Vorstellung einer Figur entweder *ohne bestimmte* Eigenschaften (quadratisch *oder* rhomboid) oder *mit widersprüchlichen* Eigenschaften (quadratisch *und* rhomboid) sein.

Weiter vertritt Berkeley die Auffassung, dass sich der widersinnige Begriff einer abstrakten Idee der Einflüsterung der verkehrten Sprachauffassung verdanke, nach der die Bedeutung eines sprachlichen Ausdrucks in einer Idee bestehen müsse. Genau dies schlägt aber Lockes semantische These vor. Berkeley zufolge verfügen wir nur über partikulare Ideen. Allgemeinbegriffe sind dennoch möglich, weil eine partikulare Idee alle anderen partikularen Ideen derselben Art vertreten kann. Es gibt also allgemeine Ideen im eben genannten Sinn, aber keine abstrakten.

Die Kritik abstrakter Ideen ist wichtig, weil die materialistische Doktrin, dass «Häuser, Berge, Flüsse, mit einem Wort, dass alle Sinnengegenstände eine natürliche oder reale Existenz haben, die von ihrem Wahrgenommenwerden durch den Verstand verschieden ist» [*Principles* § 4], letztlich «auf der Lehre von den abstrakten Ideen beruht» [*Principles* § 5]. Welchen Zusammenhang hat Berkeley im Sinn? Denken wir an Lockes Unterscheidung zwischen primären und sekundären Qualitäten zurück. Primäre Qualitäten kommen materiellen Körpern unabhängig von uns zu und sind den Eigenschaften dieser Körper (Größe, Form, Ausdehnung usw.) ähnlich. Bei sekundären Qualitäten handelt es sich um Dispositionen dieser Körper, in uns Ideen von Farben oder Gerüchen hervorzurufen, die diesen Körpern unähnlich sind. Locke postuliert materielle Substanzen mit objektiven Eigenschaften, die wir als primäre Qualitäten repräsentieren, und dispositionalen Eigenschaften, die in uns Farb- oder Geruchswahrnehmungen verursachen.

Gegen diese Auffassung bringt Berkeley drei Einwände vor [*Principles* §§ 9–15, 22 f.]. Erstens bestreitet er, dass zwischen primären und sekundären Qualitäten eine tragfähige Unterscheidung getroffen werden kann, denn beide Klassen sind als Ideen Eigenschaften, die dem Verstand zukommen, nicht den Körpern. Kurzum, alle Qualitäten sind eigentlich sekundäre Qualitäten. Zweitens bestreitet Berkeley, dass wir überhaupt die Idee bilden können, dass unabhängige materielle Körper in uns Ideen *verursachen*, denn wir haben im Fluss der Ideen keine Wahrnehmungen von Ursachen und Wirkungen, sondern lediglich von dem Aufeinanderfolgen dieser Ideen. Die Idee der Ursache stammt gar nicht aus der Einwirkung der materiellen Körper auf unseren Geist, sondern aus der Aktivität unseres Willens: Wir bilden sie, weil wir selbst willentlich etwas verursachen können.

Schließlich holt Berkeley mit seinem dritten Einwand zum Hauptangriff gegen den Begriff einer unabhängig von uns existierenden materiellen Substanz aus: Eine solche Substanz muss nicht-denkend sein und über Eigenschaften wie Größe, Form oder Ausdehnung verfügen. Größe, Form oder Ausdehnung sind jedoch Ideen. Weil Ideen nur im Geist sein können, beinhaltet der Begriff der materiellen Substanz einen Widerspruch, nämlich als Begriff einer nicht-geistigen Substanz, die Eigenschaften hat, die nur geistigen Entitäten zukommen. Nun zeigt sich der Zusammenhang zu Berkeleys Kritik an den abstrakten Ideen: Abstrakte Ideen enthalten dieser Kritik gemäß ja einen Widerspruch, weil sie Entitäten Eigenschaften zuschreiben, die diese nicht gleichzeitig besitzen können, und ebendies trifft auch auf den Begriff der materiellen Substanz zu. Aus Berkeleys Perspektive kann es deshalb nicht verwundern, wenn es Locke schwerfällt, eine klare Idee der materiellen Substanz als Trägerin der primären Qualitäten zu bilden. (Lockes semantische These, die dabei helfen sollte, die Idee der körperlichen Substanz beizubehalten, beruht in Berkeleys Augen zudem auf dem Irrtum, dass jedem sprachlichen Ausdruck eine Idee zugrunde liege.)

Da wir nur Ideen wahrnehmen, können gewöhnliche Dinge nichts anderes als Bündel von Ideen sein. Sie existieren, sofern sie durch endliche oder unendliche Geister wahrgenommen werden. (Weil Gott als unendlicher Geist alle Ideen immer schon wahrnimmt, ist auch garantiert, dass Dinge nicht verschwinden, nur weil gerade kein endlicher Geist sie wahrnimmt.) Laut Berkeleys «Meisterargument» können wir uns alleine deshalb keine geistunabhängigen Objekte vorstellen, weil wir uns diese Objekte ja vorstellen müssen, wenn wir sie uns als geistunabhängige Objekte vorstellen wollen. Es ist darauf aufmerksam gemacht worden, dass Berkeley hier einer simplen Verwechslung von Akt und Inhalt des Vorstellens zum Opfer fällt. Stellen wir uns ein geistunabhängiges Objekt vor, müssen wir zwar einen geistigen Akt vollziehen, daraus folgt aber nicht, dass der Inhalt dieses Aktes selbst ein geistiger Akt ist. Es ist bis heute umstritten, ob Berkeley dieser Kritik etwas entgegensetzen kann.

Berkeley dachte nicht, dass die These des Immaterialismus dem gesunden Menschenverstand widerspricht, im Gegenteil. Menschen denken für gewöhnlich, dass die Dinge existieren, die sie wahrnehmen. Sie glauben nicht, dass hinter dem Schleier der Ideen weitgehend unbekannte materielle Substanzen mittels geheimnisvoller Kräfte auf uns einwirken. Die Annahme von materiellen Substanzen führt in Berkeley Augen direkt in den Skeptizismus, weil sie uns der Gefahr aussetzt, dass die materielle Welt hinter dem Schleier der Ideen ganz anders ist, als wir wahrnehmen. Wer die Skepsis zurückweisen und den Commonsense erhalten will, muss die Existenz materieller Substanzen bestreiten. Wenn Körper Bündel von Ideen sind, dann existieren Qualitäten wie Farbe oder Größe auch wirklich in den Körpern und nicht nur in unserem Verstand. Auch dies entspricht dem Commonsense.

Humes Analyse der Kausalität

Berkeleys kritische Argumente übten eine erhebliche Wirkung aus, insbesondere auf den schottischen Denker David Hume (1711–76). Als junger Mann publizierte er sein zweibändiges Hauptwerk *A Treatise of Human Nature* (*Ein Traktat über die menschliche Natur*, 1739/40). Nach dem Misserfolg seines Erstlings arbeitete Hume die Grundgedanken in zwei leichter zugänglichen Werken um, dem *Enquiry Concerning Human*

Understanding (*Eine Untersuchung über den menschlichen Verstand*, 1748) und dem *Enquiry Concerning the Principles of Morals* (*Eine Untersuchung über die Prinzipien der Moral*, 1751). Mit seinen Essays über politische, ökonomische und ästhetische Fragen (1741 ff.) sowie der sechsbändigen *History of England* (1754–62) erlangte Hume Mitte des 18. Jahrhunderts Berühmtheit. Ab 1768 wurde Edinburgh sein Wohnsitz, wo er mit anderen Exponenten der Schottischen Aufklärung verkehrte und gleichzeitig als Skeptiker und Atheist angefeindet wurde. Posthum erschienen die religionskritische Schrift *Dialogues Concerning Natural Religion* (*Dialoge über die natürliche Religion*, 1779) sowie Essays über den Selbstmord und die Unsterblichkeit der Seele.

Hume akzeptiert Berkeleys Kritik der abstrakten Ideen, der Unterscheidung zwischen primären und sekundären Qualitäten, die Zurückweisung materieller Substanzen sowie den Gedanken, dass die Idee der Ursache nicht aus der Erfahrung stammt. Insbesondere dem letzten Punkt hat Hume eine eindringliche Analyse gewidmet. Wie für Locke und Berkeley sind auch für Hume nur Ideen präsent, er führt aber eine neue Unterscheidung in die Ideentheorie ein, nämlich jene zwischen Eindrücken (*impressions*) und Ideen (*ideas*). Eindrücke sind Sinnes- und Körperwahrnehmungen, Leidenschaften und Gemütsbewegungen und zeichnen sich durch Kraft und Lebendigkeit aus, Ideen hingegen sind schwache Abbilder der Eindrücke. Nach Hume gilt, dass alle einfachen Ideen einem einfachen Eindruck gleichen und diesen genau repräsentieren [*Treatise* 1.1.1]. Diese als ‹Abbildprinzip› bekannte These hat eine kritische und eine konstruktive Funktion. Lassen sich Ideen nicht auf einfache Eindrücke zurückführen, handelt es sich um Fiktionen; zugleich können wir Ideen durch Rückführung auf ihre Herkunft klären. Als Argument für das Abbildprinzip führt Hume an, dass die Überprüfung der Erfahrung von Menschen ergeben würde, dass jede Idee einen ihr vorhergehenden Eindruck habe und dass blinde oder taube Menschen ohne Eindrücke auch die entsprechenden Ideen nicht ausbilden würden. Humes Argumente zeigen, dass dem Abbildprinzip eher der Status einer empirischen Verallgemeinerung als der eines apriorischen Prinzips zukommt.

Hume wendet das Abbildprinzip auf den Begriff der Kausalität an, den Zusammenhang von Ursache und Wirkung. Der Begriff der Kausalität bildet die Grundlage für alle empirischen Erkenntnisse, die über das unmittelbare Zeugnis der Sinne hinausgehen [*Treatise* 1.3.2], somit auch die Grundlage für wissenschaftliche Erkenntnisse. Alle Eindrücke aber, die wir aus der Beobachtung gewinnen, zeigen nicht mehr, als dass zwei Ereignisse aufeinander folgen und dass sie sich in zeitlicher und räumlicher Nähe zueinander befinden. So folgt im Billard der Bewegung einer Kugel nach der Berührung die Bewegung der zweiten Kugel. Nehmen wir darüber hinaus die Erinnerung zu Hilfe, so stammt aus der Erfahrung lediglich die konstante Verbindung zwischen zwei Ereignissen. Dies beschränkt die Idee der Kausalität auf *Regularität*.

Dem widerspricht aber, dass eine bestimmte Ursache *zwingend* zu einer Wirkung führt. Woher stammt die Idee der Notwendigkeit, die zu unserem Begriff der Kausalität und vor allem zum naturgesetzlichen Zusammenhang von natürlichen Ereignissen gehört? In seiner Argumentation zeigt Hume zuerst, dass die Idee der Notwendigkeit weder aus der Erfahrung, noch aus einem allgemeinen Prinzip stammen kann – auch nicht aus der Erfahrung der Kausalität unserer eigenen Willensakte, wie Berkeley meinte, da wir in diesem Fall nur eine Abfolge von *inneren* (bzw. inneren und äußeren) Vorstellungen besitzen. Hume argumentiert stattdessen, dass wir aufgrund der Erfahrung der konstanten Verbindung zwischen zwei Ereignissen A und B eine stabile Assoziation zwischen diesen Ereignissen bilden. Diese entsteht durch Gewohnheit. Durch diese Gewohnheit *fühlt* der Geist eine Nötigung, beim Eindruck von A sogleich die Idee von B zu bilden. Dieses Gefühl der Nötigung ist ein neuer Eindruck, der im Geist durch Erfahrung und Gewohnheit erzeugt wird. Aus ihm allein können wir die (einfache) Idee der Notwendigkeit bilden, die zur (komplexen) Idee der Kausalität gehört.

Humes These lautet also, dass die Notwendigkeit, die Ursachen und Wirkungen naturgesetzlich miteinander verknüpft, subjektiven Ursprungs ist. In der Erfahrung finden sich zwar Regularitäten, die kausale Verknüpfung ist jedoch unsere Projektion auf die Erfahrung [*Treatise* 1.3.14]. Die Idee der Kausalität ist keine Repräsentation von Relationen in der Welt, sondern Ausdruck unserer Disposition, bestimmte Schlussfolgerungen zu ziehen, die wir auf Regelmäßigkeiten in der Welt projizieren. Gegenüber dieser Deutung findet in der neueren Diskussion auch die Interpretation Zustimmung, dass Hume einen skeptischen Realismus vertritt, dem zufolge zwar genuin kausale Kräfte in den Dingen existieren, für uns aber unerkennbar sind.

Hume zieht eine weitere Folgerung. Wenn wir die Idee einer notwendigen Verknüpfung aufgrund eines konstanten Zusammenhangs in der Vergangenheit herstellen, warum sind wir der Ansicht, dass dieser Zusammenhang auch in der Zukunft Geltung haben wird? Das Prinzip, dass der Verlauf der Natur derselbe bleibe und die Zukunft der Vergangenheit im Hinblick auf naturgesetzliche Verläufe gleiche, kann nur aus der bisherigen Erfahrung stammen. Wenn das Prinzip jedoch aus der Erfahrung stammt, können wir es nicht benutzen, um zu schließen, dass zukünftige Ereignisse sich gleich verhalten wie bisherige. Sowohl die Notwendigkeit der kausalen Verknüpfung als auch das Prinzip, dass sich die Natur gleich bleibt, sind subjektiven Ursprungs.

Karl Popper [1993] hat Hume so gedeutet, dass er auf ein logisches und ein psychologisches Problem antwortet. Auf die Frage, ob es rational gerechtfertigt ist, von wiederholten Einzelfällen in der Vergangenheit auf Fälle in der Zukunft zu schließen, antwortet Hume mit Nein. Dieses logische Problem bezeichnet man auch als «Induktionsproblem», weil es nach der Rechtfertigung induktiver Schlüsse fragt. Warum glauben aber trotzdem alle Menschen, dass noch nicht vorliegende den vorliegenden Erfahrungen entsprechen werden? Humes Antwort auf dieses psychologische Problem lautet, dass wir aufgrund der Gewohnheit die zwingende Neigung haben, eine bestimmte Erwartung auszubilden. «Aufgrund dieser Ergebnisse wurde Hume selbst – einer der rationalsten Denker, die je gelebt haben – zum Skeptiker und gleichzeitig zum Glaubenden: Er glaubte an eine irrationalistische Erkenntnistheorie.» [Popper 1993, 4]

Hume als Skeptiker, Naturalist und Sentimentalist

Popper deutet Hume als Skeptiker. Tatsächlich klingen Humes Überlegungen durchaus skeptisch. Er scheint zu bestreiten, dass es materielle Substanzen gibt, dass wir auf die Zukunft schließen dürfen oder dass der Kausalität eine Kraft in den Dingen zugrunde liegt. Der *Treatise* bringt weitere skeptische Argumente. In einer berühmten Argumentation zweifelt Hume sogar am Selbst [*Treatise* 1.4.6]. Wenn dem Abbildprinzip zufolge jede einfache Idee die Kopie eines einfachen Eindrucks sein muss, woher stammt dann die Idee eines kontinuierlichen Selbst? Da wir keinen solchen Eindruck finden können, ist das Selbst nichts als ein Bündel von Perzeptionen.

Humes Landsmann Thomas Reid (1710–96) hat im *Inquiry into the Human Mind on the Principles of Common Sense* (*Untersuchung über den menschlichen Geist, nach den Grundsätzen des gemeinen Menschenverstandes*, 1764) den *Treatise* als Vollendung einer der Ideentheorie innewohnenden skeptischen Tendenz betrachtet. Die Ideentheorie beruht Reid zufolge auf einer Reihe von Thesen, die die Philosophen von Descartes bis Hume teilen, nämlich dass Ideen die einzigen unmittelbaren Objekte des Denkens sind, dass sie die einzigen Objekte sind, deren Existenz wir uns unmittelbar gewiss sein dürfen, und dass materielle Objekte nur vermittelt über Ideen zugänglich sind. Weil allein Ideen direkt zugänglich und gewiss sind, haftet dem Glauben an die Realität der Außenwelt von Anfang ein Zweifel an. Reid zufolge finden sich bei den Vertretern der Ideentheorie leider kaum Argumente für die Existenz von Ideen. Zu Reids Leistung gehört es, die unterschiedlichen Theorien von Descartes bis Hume als Ausdruck einer einzigen Theorie zu rekonstruieren und als Gegenprogramm eine Philosophie des Commonsense zu entfalten. ‹Commonsense› ist ein vieldeutiger Begriff. Reid meint damit zunächst eine Menge nicht begründbarer Grundsätze, die sich in allen reifen, normalen Menschen finden.

Zweitens bezeichnet Commonsense ein Vermögen zur Beurteilung von ersten Grundsätzen als ersten Grundsätzen. Der Commonsense urteilt über Wahrheit und Falschheit selbstevidenter Grundsätze, alle Erkenntnis und Wissenschaft muss Reid zufolge auf solchen Grundsätzen beruhen. In gewisser Weise belebt Reid damit die Doktrin der angeborenen Ideen als Reflexionsprinzipien mit neuem Leben.

Allerdings lassen sich Humes Argumente zur Kausalität auch ohne Bezug auf die Ideentheorie formulieren. Popper ist ein Beispiel dafür. Das weckt Zweifel an Reids Deutung. Noch wichtiger ist der Umstand, dass Reid und Popper sich nur auf das erste Buch des *Treatise* beziehen, der aus drei Büchern besteht. Das erste Buch handelt vom Verstand, das zweite von den Gefühlen und das dritte von der Moral. Wie die Einleitung zum *Treatise* deutlich macht, verfolgt Hume das ehrgeizige Ziel, die Grundlage einer «Wissenschaft vom Menschen» zu liefern. Die Wissenschaft vom Menschen sei «die einzige feste Grundlage für die anderen Wissenschaften, und die einzige feste Grundlage dieser Wissenschaft muss selbst auf Erfahrung und Beobachtung beruhen», heißt es in der Einleitung. Die These, die Humes Wissenschaft vom Menschen vertritt, lautet, dass unsere intellektuellen Leistungen «eigentlich eher eine Tätigkeit des empfindenden (*sensitive*) als des denkenden (*cogitative*) Teils unserer Natur» sind [*Treatise* 1.4.1]. Aus dieser Perspektive erscheint Humes Skepsis in anderem Licht.

Humes scheinbar skeptische Thesen zeigen ein Antwortmuster: Würden wir uns allein auf unsere Vernunft verlassen, könnten wir kein skeptisches Problem lösen. Wir müssen uns aber nicht allein auf den denkenden Teil unserer Natur verlassen, da die Natur grundlegende Fragen «zweifellos als eine Angelegenheit von zu großer Wichtigkeit erachtet, um sie allein unseren unsicheren Schlüssen und Spekulationen anzuvertrauen» [*Treatise* 1.4.2]. Das zweite Buch handelt von den Emotionen und vom Willen. Hume vertritt die These, dass die Vernunft alleine keine Handlungen motivieren könne; diese müssten immer auch durch Emotionen, Wünsche und Präferenzen verursacht werden. Die Vernunft zeigt geeignete Mittel, die Gefühle hingegen Ziele. Hume spitzt diese These in einer bekannten Passage zu: «Die Vernunft ist und soll nichts anderes sein als die Sklavin unserer Gefühle» (*Treatise* 2.3.3]. Hume verankert Erkenntnistheorie, Handlungstheorie und – wie wir noch sehen werden – auch die Moralphilosophie im Gefühl. Norman Kemp Smith hat argumentiert, dass die durchgehende Unterordnung der Vernunft unter das Gefühl der bestimmende Faktor in Humes Philosophie sei [Kemp Smith 1941]. Diese These hat zu einer Deutung Humes als einem Naturalisten im Gegensatz zur Deutung als Skeptiker geführt.

Dieser Zusammenhang wird insbesondere am Schluss des ersten Buches des *Treatise* deutlich. Dort blickt Hume melancholisch auf die skeptischen Resultate bezüglich Kausalität, Projektion oder Induktion zurück und stellt sich die selbstreflexive Frage, ob er den Schlüssen eines so unzuverlässigen Instruments wie der Vernunft überhaupt trauen darf, selbst in ihren skeptischen Resultaten. Hume argumentiert, dass der Vernunft dann zu trauen ist, wenn sie mit einer stark empfundenen Neigung zur Handlung einhergeht, und führt damit ein sowohl pragmatisches als auch affektives Kriterium der Zuverlässigkeit ein. Schließlich betont Hume als besondere soziale Motivation seines Philosophierens die Bekämpfung des Aberglaubens, denn die Irrtümer der Philosophie sind nur lächerlich, jene des Aberglaubens aber gefährlich [*Treatise* 1.4.7]. Es ist offensichtlich, dass damit eine stark theologie- und religionskritische Motivation des Projekts, eine Wissenschaft der menschlichen Natur zu begründen, zum Ausdruck kommt. Es ist darum kein Zufall, dass Humes letzte Arbeiten der Kritik der Religion dienen. Hume ist einer der wenigen Philosophen der Neuzeit, deren Werk ohne konstitutiven Bezug auf eine göttliche Instanz auskommt. Paul Russell hat argumentiert, dass das Ziel von Humes skeptischen Argumenten darin besteht, die Lehren und Dogmen einer christlich geprägten Philosophie zu untergraben und die Philosophie auf den Weg einer Wissenschaft vom Menschen zu bringen [Russell 2008]. Humes Beitrag zur Autonomie besteht folglich darin, der Philosophie einen von Religion *und* Metaphysik unabhängigen Weg zu weisen.

Im zweiten Buch über die Leidenschaften und im dritten Buch über die Moral sind es insbesondere vier Argumentationen Humes, die großen Einfluss ausgeübt haben. (1) In seiner Diskussion der Natur der Leidenschaften wird schnell deutlich, dass er weniger den Umgang des Subjekts mit den eigenen Leidenschaften thematisiert – wie dies in neo-stoischer Tradition Lipsius, Descartes oder Spinoza tun –, sondern vielmehr die soziale Funktion der Leidenschaften und ihre Rolle in der Ausbildung von Wertzuschreibungen untersucht. So sind beispielsweise Selbstachtung (*pride*) und Scham (*humility*) zwei Leidenschaften, die aus der festen Assoziation eines Subjekts mit einer lustvollen bzw. schmerzvollen Eigenschaft hervorgehen. Der Besitz eines schönen Hauses oder eines wachen Verstandes etwa sind Eigenschaften, die Lust bereiten und deshalb zu Selbstachtung führen. Die Valenz dieser Eigenschaften hängt jedoch von der sozialen Bewertung der entsprechenden Eigenschaften ab, somit hängt auch die Selbstachtung von sozialen Wertungen ab. Selbstachtung ist ein affektiver Bezug des Subjekts zu sich selbst, den Hume an dieser Stelle als einen intersubjektiv vermittelten Bezug konzipiert, und nicht, wie in seinem Zweifel an der Identität des Selbst [vgl. *Treatise* 1.4.6], als einen ausschließlich subjektiven Bezug. Damit jedoch die Leidenschaften als ein soziales Bindemittel und Grundlage des Selbstbezugs funktionieren können, bedarf es eines vorreflexiven Instruments, das dem Austausch der Leidenschaften zwischen Personen dient. Dieses Instrument findet Hume in der «Sympathie». Dabei handelt es sich um einen angeborenen Mechanismus, der es erlaubt, die Leidenschaften anderer Menschen (und Tiere) spontan nachzuerleben. (Offensichtlich hat Humes Verwendung des Ausdrucks nur entfernt mit seinem heutigen Gebrauch in der Alltagssprache zu tun.)

(2) Die oben zitierte Passage, wonach die Vernunft nichts anderes ist und sein soll als die Sklavin unserer Gefühle [*Treatise* 2.3.3], verleiht Humes Handlungstheorie dramatischen Ausdruck. Hume zufolge handeln alle Vernunftschlüsse entweder von apriorischen Zusammenhängen zwischen Ideen oder von empirischen und somit nur wahrscheinlichen Zusammenhängen

von Ursachen und Wirkungen. Auf der Grundlage dieser Unterscheidung argumentiert Hume, dass die Vernunft niemals in der Lage ist, alleine irgendeine Handlung oder Willensentscheidung zu motivieren. Vernunftschlüsse können uns nämlich entweder nur wahre Propositionen oder nur Mittel für bestimmte Zwecke vor Augen führen, niemals aber die Auswahl von bestimmten wahren Propositionen oder bestimmten Mitteln und vor allem nicht die Wahl bestimmter Zwecke so festlegen, dass sie zu Handlungen oder Willensentscheidungen führen würden; dazu braucht es Lust- und Unlustgefühle sowie affektive Zustände. Somit können Vernunftschlüsse allein kein Motiv für willentliche Handlungen sein, der Impuls muss ein affektiver Zustand sein.

(3) Zu Beginn des dritten Buches über die Moral schließt Hume an die eben skizzierte Handlungs- und Entscheidungstheorie an und argumentiert, dass moralische Bewertungen, wie bereits angedeutet, nicht auf Vernunft beruhen. Hume zufolge besteht zwischen moralischen Prinzipien und möglichen Handlungen ein konstitutiver Zusammenhang, d.h. moralische Unterscheidungen und die ihnen zugrunde liegenden Prinzipien müssen auch Motive für Handlungen sein können. Nun hat Hume aber bereits im zweiten Buch argumentiert, dass die Vernunft alleine keine Handlungen und Entscheidungen zu motivieren vermag. Folglich können moralische Unterscheidungen und die ihnen zugrunde liegenden Prinzipien nicht allein auf der Vernunft beruhen [*Treatise* 1.3.1]. Da moralische Urteile auch unseren Willen und dadurch unsere Handlungen motivieren können müssen, aber nur Gefühle, nicht aber die Vernunft, motivieren können, folgt, dass moralische Urteile auf Emotionen beruhen. Diese ethische Position wird als «Sentimentalismus» bezeichnet. Hume argumentiert weiter, dass wir moralische Eigenschaften mithilfe eines der sinnlichen Wahrnehmung analogen Vermögens entdecken. Hier folgt Hume der v.a. durch Francis Hutcheson (1694–1746) begründeten Tradition des moralischen Sinns. Moralische Eigenschaften, die eine Handlung als gut oder schlecht erscheinen lassen, weisen Parallelen zu den sekundären Qualitäten in der sinnlichen Wahrnehmung auf. Locke hatte ja argumentiert, dass z.B. wahrnehmbare Farb-

eigenschaften erst durch die Einwirkung materieller Körper auf unsere Sinne entstehen. Grob gesagt, sind moralisch gute Handlungen solche, die unsere affektive Zustimmung finden, moralisch schlechte Handlungen hingegen solche, die auf affektive Ablehnung stoßen. Allerdings müssen wir in der Lage sein, solche Handlungen aus einer distanzierten Perspektive zu betrachten, um subjektiven Verzerrungen unserer affektiven Reaktion zu entgehen, so wie wir Farben im angemessenen Licht betrachten müssen. Diese distanzierte Perspektive nennt Hume bisweilen den «allgemeinen Gesichtspunkt» [*Treatise* 3.3.1]. Da es sich bei den Handlungsmotiven in Humes Augen ebenfalls um affektive Zustände handeln muss, muss es für die moralische Bewertung von Handlungen ein Instrument geben, um diese affektiven Zustände nachzuvollziehen. Dieses Instrument ist der Mechanismus der Sympathie.

(4) Im Anschluss an die Begründung des Sentimentalismus formuliert Hume ein Prinzip, das großes Echo gefunden hat, nämlich das Prinzip, dass aus einer Tatsachenfeststellung (einem Ist) niemals eine normative Behauptung (ein Soll) abgeleitet werden darf [*Treatise* 3.1.1]. Dieses als «Humes Gesetz» bezeichnete Prinzip wird bei Hume lediglich als Beobachtung formuliert, stellt aber ein weiteres Argument für den Sentimentalismus zur Verfügung: Da die Vernunft lediglich Tatsachenfeststellungen (oder apriorische deskriptive Aussagen) treffen kann, können aus der Vernunft alleine keine normativen Behauptungen begründet werden. Es ist wichtig zu beachten, dass Hume betont, dass die Vernunft *alleine* keine Handlungen motivieren oder moralische Unterscheidungen treffen kann. Sie spielt bei Hume jedoch in beiden Fällen eine Rolle. Es ist Gegenstand der Diskussion, welche Rolle ihr genau zukommt.

Smith entwickelt Humes Moralphilosophie weiter

Adam Smith (1723–90) gehörte zu den engsten Freunden Humes. Hume und Smith sind für die schottische Aufklärung, was Goethe und Schiller für die deutsche Klassik sind, ebenso reicht ihr Einfluss weit über die Nation hinaus. Smith ist Verfasser eines Klassikers der Moralphilosophie sowie der Ökonomie, nämlich der *Theory of Moral Sentiments* (*Theorie der ethischen Gefühle*, 1759) und der *Inquiry into the Nature and Causes of the Wealth of Nations* (*Der Wohlstand der Nationen*, 1776). Sein Denken ist gekennzeichnet durch ein gewisses Zutrauen in die menschliche Urteilskraft im Hinblick auf die eigenen sowie die Interessen anderer und eine entsprechende Zurückweisung von Versuchen, die Urteilskraft durch moralische Prinzipien oder politische Vorgaben zu lenken. In *Wealth of Nations* verficht Smith die Ansicht, dass die Politik Unternehmen möglichst wenig Vorschriften machen solle, weil diese ihre Interessen am besten autonom verfolgen können. Die berühmt gewordene Metapher der unsichtbaren Hand (*invisible hand*) steht für die Erzeugung des Wohlstands aller durch die Verfolgung von wirtschaftlichen Eigeninteressen. Zugleich ist Smith der Meinung, dass die Politik von Unternehmern frei bleiben müsse, eben weil sie ihre Interessen und nicht jene der Bürgerinnen und Bürger im Auge haben. Im Unterschied zum Neoliberalismus argumentiert Smith, dass der Staat für eine rechtsstaatliche Ordnung Sorge tragen muss, Banken zu regulieren hat, Einrichtungen von großem gemeinschaftlichem Interesse wie etwa Verkehrswege unter seiner Kontrolle haben sollte und ein gewisses Maß an Umverteilung der Güter zugunsten der Armen lenken darf. Das ändert freilich nichts daran, dass Smith einen schwachen Staat bevorzugt, der weder das wirtschaftliche noch das sittliche Leben der Bürgerinnen und Bürger prägen soll.

Die *Theory of Moral Sentiments* erweckt auf den ersten Blick den Eindruck, als handle es sich um ein psychologisches oder soziologisches Werk anstelle eines Beitrags zur normativen Ethik. Allerdings erhebt Smith durchaus normative Ansprüche. Zentral dafür ist die Verbindung der Begriffe der Sympathie und des unparteiischen Betrachters (*impartial spectator*). Smiths Moralphilosophie ist tief von Humes Sentimentalismus geprägt, d.h. Smith teilt die Ansicht, dass Emotionen unerlässliche Motive für moralische Handlungen und Urteile sind. Die grundlegenden Gedanken finden sich bei Hume formuliert oder antizipiert, allerdings gibt Smith ihnen bisweilen eine präzisere Gestalt oder eine neue Richtung. So versteht Hume unter Sympathie einen affektiven Mechanismus, der es ermöglicht, die Emotionen anderer zu erleben. Smith hingegen fasst Sympathie als die imaginative Fähigkeit auf, sich in die Situation eines anderen zu versetzen, als aktive Reaktion auf die emotionale Situation eines anderen. Anders als bei Hume können für Smith die Emotionen des anderen und meine eigenen auch divergieren. In der Divergenz und Annäherung der Emotionen zwischen einem Betrachter einerseits und einem Handelnden oder Leidenden andererseits sieht Smith den empirischen Ursprung moralischer Urteile. Wir beobachten beispielsweise, dass jemand beleidigt wird, und wenn wir mit der emotionalen Reaktion des Beleidigten sympathisieren, so motiviert dies unser moralisches Urteil über den Verursacher der Beleidigung.

Wenn ein Betrachter nun danach strebt, sowohl die Beschränktheit als auch die subjektive und soziale Interessegebundenheit, die mit solchen Sympathiereaktionen einhergehen kann, in Richtung der Perspektive eines wohlinformierten und unparteiischen Betrachters zu überschreiten, dann erlangen die Emotionen, die moralische Urteile motivieren, stärkeres normatives Gewicht. Von diesem Standpunkt aus mit den Emotionen eines Anderen übereinzustimmen bedeutet nämlich, sie als moralisch angemessen zu beurteilen, von ihnen zu divergieren läuft auf eine moralische Verurteilung hinaus. Moralische Normen sind folglich Ausdruck der Emotionen eines wohlinformierten und unparteiischen Betrachters. Die Emotionen eines Handelnden oder eines Leidenden sind moralisch genau dann angemessen, wenn ein informierter und unparteiischer Betrachter mit ihnen übereinstimmen würde. Durch diese Stärkung von Humes allgemeinem Gesichtspunkt möchte Smith ein Maß für Angemessenheit und Unangemessenheit finden.

Die Gedankenfigur des unparteiischen Betrachters setzt sich zwei Einwänden aus. Wir bilden die Perspektive des moralischen Betrachters aus unserer moralischen Praxis, dabei scheint aber unklar, wie sie von den Vorurteilen einer bestimmten Epoche und Kultur frei bleiben kann. Der Ausgangspunkt bei unserer moralischen Praxis bedeutet zwar keineswegs, dass die Perspektive des unparteiischen Beobachters nicht moralische Urteile unparteiischer Personen aus anderen Gesellschaften einbeziehen kann. Nur betont Smith immer wieder, dass unsere Emotionen tiefgreifend durch die Kultur und Gesellschaft, in der wir aufwachsen, geprägt sind, sodass es schwerfällt, sich vorzustellen, wie die Figur des unparteiischen Betrachters ein Korrektiv dazu sein kann. Bisweilen spricht Smith von mehreren solchen Betrachtern, etwa wenn er sagt, dass Dankbarkeit oder Groll angemessen und zustimmungswürdig erscheinen, «wenn das Herz jedes unparteiischen Betrachters ganz und gar damit sympathisiert» [*Theory* 2.1.2.2]. Es ist also durchaus möglich, dass sich Übereinstimmung auch zwischen unterschiedlichen Betrachtern ergibt.

Zweitens benutzen wir die Gedankenfigur zur Rechtfertigung moralischer Urteile, was zur Frage führt, worin die Rechtfertigung für die Einnahme dieser Perspektive überhaupt bestehen soll. Auch hier gibt es eine Antwort. Wie Hume vertritt Smith die Ansicht, dass das moralische Vermögen gerechtfertigt ist, wenn es in der Reflexion sowohl die Zustimmung durch sich selbst als auch durch die anderen kognitiven Vermögen findet. Smith zeigt gewissermaßen einem unparteiischen Betrachter, dass er einer solchen Perspektive seine Zustimmung geben muss. Zudem kann das moralische Vermögen auch die Zustimmung unseres Selbstinteresses finden, indem es nicht grundsätzlich unserem wohlverstandenen Selbstinteresse widerspricht. Smith zufolge gehört es wesentlich zum Glück, von seinen Mitmenschen geliebt zu werden, und ein wichtiger Grund für diese Liebe ist die Fähigkeit, ein unparteiischer Betrachter zu sein.

Es ist unklar, wie sich Smiths Ethik und seine Ökonomie zueinander verhalten. Smith betrachtet seine Moralphilosophie als eine Variante der aristotelischen Tugendethik. Im Unterschied zu Aristoteles sieht er aber im Staat keineswegs die Verwirklichung des guten Lebens, vielmehr sollte der Staat möglichst keinen Einfluss auf die ökonomischen Interessen und die moralische Bildung von Bürgerinnen und Bürgern nehmen. Entsprechend erscheinen Ethik und Ökonomie bei Smith als getrennte Projekte. Andere Deutungen sehen bei Smith eher eine Konzeption, der gemäß die Ethik sich komplementär zur Ökonomie verhält, indem sie jene Bindekräfte betont, die einer freien Marktwirtschaft abgehen [vgl. Hanley 2009].

8. Freiheit und Aufklärung: Hume, Rousseau und die *philosophes*

Hume reist nach Paris: Aufklärung, Enzyklopädie und Salons

Im Jahr 1763 endete der Siebenjährige Krieg (1756–63) mit Verträgen zwischen Großbritannien und Frankreich sowie Preußen und Österreich. Der Friede von Paris sicherte Großbritannien die Vorherrschaft über Nordamerika und Indien und markiert den Beginn des britischen Weltreichs. Der Earl of Hertford wurde von der englischen Krone als Botschafter nach Paris entsandt, um den Friedensvertrag auszuhandeln. Auf Hertfords Einladung hin folgte David Hume ihm als Unterhändler nach Paris, wo er sich von Oktober 1763 bis Januar 1766 aufhielt. Wegen seiner *History of England* (1754–62) war Hume auch auf dem Kontinent ein bekannter Autor geworden, besonders in Paris, Zentrum der europäischen Aufklärung und Heimat der *philosophes*. Darunter muss man sich nicht nur Philosophen vom Fach vorstellen, sondern eine Gruppe von Intellektuellen, Kulturkritikern, Religionsskeptikern, politischen Reformern und Revolutionären. Der Historiker Peter Gay beschreibt die *philosophes* als eine Gruppe, «die durch ein ambitioniertes säkularistisches, humanistisches und kosmopolitisches Programm zusammengehalten wurde, in dessen Mittelpunkt die Freiheit in ihren verschiedenen Formen stand: Meinungsfreiheit, Freiheit des Handels, Freiheit der Selbstbestimmung und der Selbstverwirklichung» [Gay 1966, 3].

Eines der zentralen Projekte der französischen Aufklärung war die *Encyclopédie, ou dictionnaire raisonné des sciences, des arts et des métiers* (1751–72). Diese verfolgt das Ziel einer umfassenden und zugänglichen Darstellung der Wissenschaften, Künste und Handwerke. Das vollendete Werk sollte aus 28 Bänden und über 70 000 Artikeln bestehen. Als Hume Paris 1765 verließ, waren 17 Bände vollendet. Der Mathematiker Jean Le Rond d'Alembert (1717–83) verfasste einen *Discours préliminaire de l'Encyclopédie* (*Einleitung zur Enzyklopädie*, 1751), in dem er auf der Grundlage einer empiristischen Erkenntnistheorie ein System des gesamten menschlichen Wissens präsentierte, das in den kognitiven Vermögen Erinnerung (Geschichte), Vernunft (Philosophie) und Vorstellungskraft (Poesie) wurzelt. Zu den Beiträgern der *Encyclopédie* gehörten neben d'Holbach (1723–89), Voltaire (1684–1778) und d'Alembert Denis Diderot (1713–84), Charles Pinot Duclos (1704–72), Friedrich Melchior Grimm (1723–1807), Jean-François Marmontel (1723–99), André Morellet (1727–1819), Jean-Jacques Rousseau (1712–78) und Anne Robert Jacques Turgot (1727–81). Mit ihnen allen pflegte Hume in Paris persönlichen Umgang.

In Paris wurde Hume in eine ganz anders geartete literarische Öffentlichkeit versetzt als in Edinburgh oder London. Er verkehrte in den Salons des Barons d'Holbach, von Julie de Lespinasse (1732–76), Marie-Thérèse Rodet Geoffrin (1699–1777), Anne-Catherine de Ligniville Helvétius (1722–1800), der Marquise du Deffand (1697–1780) sowie der Comtesse de Boufflers (1735–1800), die mit Hume eine intime Beziehung einging. Gelehrte Frauen übernahmen nicht nur als Gastgeberinnen in den Salons die Funktion, intellektuelle Debatten jenseits der Schranken von Klasse, Nation oder Geschlecht zu ermöglichen und damit eine Form der bürgerlichen Öffentlichkeit zu schaffen, viele von ihnen trugen zum philosophischen Diskurs der Neuzeit und der Aufklärung bei.

Ein hervorragendes Beispiel ist die Mathematikerin und Philosophin Émilie du Châtelet (1706–49). Sie gehörte in Frankreich zu denjenigen, die das naturphilosophische Denken weg von der cartesianischen zur newtonschen Physik lenkten. Gemeinsam mit ihrem Partner Voltaire verfasste sie die *Eléments de la philosophie de Newton* (1738). In ihrem Hauptwerk *Institutions de physique* (1740) legte sie die metaphysischen

Grundlagen für Newtons Physik und besorgte die erste französische Übersetzung von Newtons *Principia Mathematica* (1687), die posthum erschien (*Principes mathématiques de la philosophie naturelle*, 1759). Die *Institutions* setzen bei erkenntnistheoretischen Prinzipien an und leiten daraus metaphysische Grundsätze ab, die der Natur physikalischer Körper und ihren Gesetzen zugrunde liegen. Wie Leibniz beginnt du Châtelet mit den Prinzipien des Widerspruchs und des zureichenden Grundes, auf denen alle weiteren Wahrheiten beruhen. Das Prinzip des Widerspruchs unterscheidet das Unmögliche (das Widersprüche enthält) vom Möglichen sowie das Notwendige (das nicht ohne Widerspruch negiert werden kann) vom Kontingenten. Das Prinzip des zureichenden Grundes fordert eine Erklärung für die Existenz kontingenter Wahrheiten. Du Châtelets Gottesbeweis hat die Funktion zu zeigen, dass Gott eine Welt erschaffen hat, die einheitlichen und rational nachvollziehbaren Gesetzen folgt, denn die Natur Gottes ist für die Physik noch wichtiger als für die Moral [*Institutions* § 18]. Da ausgedehnte Atome unendlich teilbar wären, muss es unteilbare, nicht-ausgedehnte Substanzen geben, die den physikalischen Körpern zugrunde liegen und sowohl mit aktiven Kräften (Bewegung) als auch mit passiven Kräften (Trägheit) ausgestattet sind. Aufgrund der nicht-materiellen Natur dieser Substanzen handelt es sich bei allen physikalischen Körpern um Erscheinungen. Nachdem du Châtelet in den ersten neun Kapiteln der *Institutions* die metaphysischen Grundlagen gelegt hat, widmen sich die restlichen zwölf Kapitel den Grundbegriffen und Gesetzen von Newtons Physik.

Näher bei den Anliegen der *philosophes* ist du Châtelets *Rede vom Glück* (*Disocurs sur le bonheur*, 1779). Darin fordert sie einen kalkulierten Umgang mit Leidenschaften, die das eigene Leben bestimmen, als Mittel zum glücklichen Leben. Von ihrem eigenen Charakter ausgehend konzentriert sie sich auf Glücksspiel, Liebe und Studium als den dominanten Leidenschaften ihres Lebens. Besonders das wissenschaftliche Studium streicht sie als Weg zum Glück für Frauen heraus, denen sich im Unterschied zu Männern kaum Entfaltungsmöglichkeiten bieten.

Du Châtelets Überlegungen zum Glück tragen den eher privaten Charakter der Selbstbetrachtung, die nur indirekt auf die Stellung der Frau in der Gesellschaft gerichtet ist. Ende des 18. Jh. ist es Mary Wollstonecraft (1759–97), die in *A Vindication of the Rights of Woman* (*Die Verteidigung der Frauenrechte*, 1792) ein Argument für die rechtliche Gleichheit zwischen Frau und Mann formuliert. Die Unterscheidung zwischen Männern und Frauen ist im Hinblick auf natürliche und politische Rechte arbiträr und entspringt Vorurteilen. Ausgehend von einer Symmetrie zwischen Rechten und Pflichten, argumentiert Wollstonecraft, dass Frauen, sofern sie Pflichten unterliegen, ebenfalls Rechte zukommen. Um die Fiktion aufrechtzuerhalten, dass Frauen Pflichten, aber keine Rechte zukommen, müssen sie von der Bildung ausgeschlossen und zum Gehorsam erzogen werden. Wollstonecraft war der Auffassung, dass Männer und Frauen nur in einem demokratischen und repräsentativen Staatswesen frei sein können, wobei Gesetze beide Geschlechter im öffentlichen und im privaten Bereich vor Willkür und Gewalt schützen müssen. Ähnlich wie du Châtelet ihre Verteidigung der Physik auf metaphysischen Grundlagen aufbaut, stellt Wollstonecraft ihre politischen Forderungen auf den Boden grundsätzlicher Überlegungen zur Natur eines wohlgeordneten Gemeinwesens. Natürlich ist Wollstonecrafts Philosophie bereits durch das epochemachende Ereignis der Französischen Revolution von 1789 beeinflusst, zu deren entscheidenden Vordenkern die *philosophes* gehörten, unter denen sich der politisch eher konservative Hume bewegte.

Bereits in Edinburgh wurde Hume von Claude Adrien Helvétius (1715–71) kontaktiert, dem Gatten der Salondame Anne-Catherine de Ligniville. Helvétius – dessen Familienname eigentlich Schweitzer lautete – vertrat in *De l'esprit* (*Vom Geist*, 1758) ebenso wie d'Holbach im *Système de la nature* (*System der Natur*, 1770) eine strikt materialistische Philosophie. In Anlehnung an Lockes Philosophie der materiellen Substanz und der Unterscheidung zwischen primären und sekundären Qualitäten besteht für d'Holbach die gesamte Wirklichkeit einzig aus Materie und Bewegung. Sein Atheismus und seine beißenden

Angriffe auf das Christentum machten ihn bereits vorher berüchtigt. Helvétius vertrat durchaus vergleichbare Ansichten. Für Aufsehen sorgte die These, wonach Menschen einzig und allein handeln, um Lust zu maximieren und Schmerz zu minimieren. Während diese These von vielen Zeitgenossen als ein Angriff auf moralische Motive und Prinzipien betrachtet wurde, kann sie als Urform des klassischen Utilitarismus betrachtet werden. Dass das Denken der radikalen *philosophes* nicht ungefährlich war, belegt der Umstand, dass *De l'esprit* ein Jahr nach seinem Erscheinen vom Pariser Parlament und der Sorbonne verurteilt und öffentlich verbrannt wurde. Dies nötigte Helvétius zu mehreren Beschwichtigungen, brachte ihm aber auch europäischen Ruhm ein. Die *philosophes* jedoch nötigte der Vorfall zur Zurückhaltung, um das Projekt der *Encyclopédie* nicht zu gefährden. Die knappen Bemerkungen zu d'Alembert, d'Holbach und Helvétius zeigen, dass die *philosophes* von John Lockes Empirismus geprägt waren. Lockes *Essay* war bereits 1700 von Pierre Coste ins Französische übersetzt worden. Voltaire lobte Locke in den *Lettres anglaises* (*Englische Briefe*, 1734) als weisen und methodischen Denker, der angeborene Ideen zerstört und dem Menschen seine natürliche Vernunft zurückgegeben habe. Insbesondere vertiefte Voltaire Lockes Spekulationen über die Möglichkeit der Existenz denkender Materie, was den Weg vom englischen Empirismus zum französischen Materialismus ebnete.

Wie seine Briefe belegen, fühlte Hume sich in der intellektuellen Atmosphäre von Paris durchaus wohl, nur widerstrebten seiner skeptischen Einstellung der dogmatische Materialismus und der offene Atheismus. Helvétius, Grimm und d'Alembert drängten ihn zu einer offensiveren Kritik am Christentum, zumal Hume den Plan einer Geschichte des Christentums hegte, den er aber nicht zur Ausführung brachte. Fast gleichzeitig mit Hume reiste Adam Smith durch Frankreich. Ebenso wie Smith interessierte sich Hume stark für ökonomische Fragen. Mit dem Ökonomen Turgot, dem Verfasser der *Réflexions sur la formation et la distribution des richesses* (*Betrachtungen über die Bildung und Verteilung der Reichtümer*, 1769), diskutierte er unterschiedliche Steuersysteme. Bereits in seinem Essay *Of Taxes* (*Über Steuern*, 1742) hatte Hume eine Konsumsteuer verteidigt. Es ist plausibel, dass Turgot von diesen Diskussionen beeinflusst worden ist. Ebenso skeptisch wie dem Materialismus und Atheismus stand Hume auch dem Fortschrittsoptimismus gegenüber, der die Geschichte als eine Folge irreversibler intellektueller Fortschritte konzipierte, wie Turgot 1750 in seiner Rede «Tableau Philosophique des progrès successifs de l'esprit humain» ausführte.

Rousseaus Philosophie der Freiheit: Selbstliebe, Selbstregierung, Selbstgefühl

Als Hume am 4. Januar 1766 Frankreich verließ, befand er sich in der Begleitung von Jean-Jacques Rousseau. Rousseau, der zu diesem Zeitpunkt bereits als Verfasser des *Discours sur l'origine et les fondements de l'inégalité parmi les hommes* (*Abhandlung über den Ursprung und die Grundlagen der Ungleichheit unter den Menschen*, 1755) und des Romans *Julie ou la Nouvelle Héloïse* (1761) europaweit bekannt war, hatte 1762 zwei seiner wichtigsten Werke veröffentlicht, den Roman *Émile ou de l'éducation* sowie die Abhandlung *Du contrat social* (*Vom Gesellschaftsvertrag*). Noch im selben Jahr wurde *Emile* in Paris verboten und verbrannt, Rousseau musste fliehen, doch auch seine Heimatstadt Genf indizierte beide Werke, worauf Rousseau Zuflucht im Schweizer Dorf Môtiers fand. Aufgebracht durch Voltaires Anschuldigung, dass der Verfasser einer Abhandlung über die Erziehung seine eigenen Kinder im Stich gelassen habe, bedrängte die Dorfbevölkerung Rousseaus Wohnhaus. Er musste erneut fliehen, diesmal auf die Insel St. Pierre im Bielersee, wo er Ruhe fand und Pflanzen sammelte, bevor er gezwungen war, im Herbst 1765 auch diese Zuflucht zu verlassen.

Wegen der brenzligen Situation in Paris nach dem Verbot seiner Werke und weil sich Rousseau unter den *philosophes* viele Feinde geschaffen hatte, überredete die Comtesse de Boufflers Hume, den verfolgten Philosophen nach England zu bringen und ihm Asyl zu verschaffen. Hume bewunderte ihn, obwohl er mit dessen tragischem Sinn für die Unfreiheit in der gegenwärtigen Zivilisation und seiner Hoffnung auf einen dramatischen politischen Wandel nicht übereinstimmen konnte, und willigte ein. Im Sommer 1766 begann Rousseau, der an Angstzuständen und Verfolgungswahn litt, zu argwöhnen, dass sich hinter Humes Großzügigkeit ein Komplott gegen ihn verbarg und machte ihm heftige Vorwürfe. Rousseau arbeitete zu dieser Zeit an seiner Autobiographie und Hume wiederum fürchtete falsche Anschuldigungen, sodass er im Oktober 1766 den Streit öffentlich machte. Da diese Darstellung mit einer Einleitung der mutmaßlichen Feinde Diderot und Grimm versehen war, fand Rousseau seine haltlosen Verdächtigungen bestätigt. Im Mai 1767 kehrte er unter falschem Namen nach Frankreich zurück und vollendete unter körperlichen und psychischen Beschwerden neben anderen Werken die *Confessions* (*Bekenntnisse*, 1782, 1789).

Rousseaus exzentrische Lebensgeschichte und seine Beschäftigung mit sich selbst sind seiner Philosophie keineswegs äußerlich, denn sein Denken zielt letztlich auf die Entfaltung der Freiheit. Rousseau hat oft betont, dass zwei Gedanken im Zentrum seines Denkens stehen: Der Mensch ist von Natur aus gut und wird durch die Gesellschaft verdorben («Tout est bien sortant des mains de l'Auteur des choses, tout dégénère entre les mains de l'homme», der erste Satz von *Émile*); und: Der Mensch ist von Natur aus frei, doch liegt er überall in Ketten («L'homme est né libre et partout il est dans les fers», der erste Satz des *Contract social*). Aus diesen Gedanken ergibt sich das grundsätzliche Problem Rousseaus, nämlich die Bewahrung der menschlichen Freiheit in einer Welt, in der Menschen sowohl materiell als auch psychisch voneinander abhängig sind. Der *Contrat social* entwirft eine politische Antwort auf Rousseaus Problem, *Émile* eine pädagogische und die autobiographischen Schriften eine literarische Antwort.

Wie alle Lebewesen ist der Mensch mit einem Trieb zu Selbsterhaltung ausgestattet, den Rousseau als Selbstliebe (*amour de soi*) bezeichnet. Da Menschen mit der Fähigkeit ausgestattet sind, ihre natürlichen Bedürfnisse zu befriedigen, haben sie im Zustand der Selbstliebe nur wenige Bedürfnisse und sind auf andere Menschen durch ein natürliches Mitgefühl (*pitié*) bezogen. Sobald Menschen jedoch in Gemeinschaften zusammenleben und die Produktion von Gütern zunimmt, richten sich die Bedürfnisse der Menschen in Situationen des Vergleichs und der Konkurrenz nach den Bedürfnissen anderer aus. Hier entsteht die Selbstverliebtheit (*amour propre*), die den natürlichen Selbstbezug in eine Abhängigkeit von den Leistungen und Meinungen anderer setzt und das natürliche Mitgefühl verkümmern lässt, weil sich Vernunft und Einsicht nach der Maßgabe der Selbstverliebtheit richten, was zu einem strikten Zweck-Mittel-Denken führt, statt nach der Maßgabe des Mitgefühls, was zur Ausbildung eines moralischen Gewissens führen würde. Infolge der Konkurrenz und des Zweck-Mittel-Denkens entwickeln sich materielle und politische Ungleichheiten. In diesem korrupten Zustand der Selbstverliebtheit, der Ungleichheit und der Unmoral befindet sich in Rousseaus Augen die Gegenwart.

Ein ideales Gemeinwesen soll die historisch gewachsene Abhängigkeit der Menschen voneinander mit ihrer Freiheit versöhnen. Ein Gemeinwesen kann nur dann legitim sein, wenn es die Partikularinteressen überwindet und Ausdruck eines Allgemeinwillens (*volonté générale*) ist. Dies hebt Rousseaus Vertragstheorie deutlich von Hobbes oder Locke ab. Während sich die vom Krieg aller gegen alle gebeutelten Menschen bei Hobbes mittels Vertrag freiwillig ihrer natürlichen Rechte zugunsten eines absoluten Souveräns begeben, willigen die mit natürlichen Rechten ausgestatteten Individuen bei Locke bloß in die Abgabe ihrer juristischen Gewalt und eine parlamentarische Vertretung ein, verbleiben aber so weit wie möglich im Naturzustand. Rousseaus Vertrag muss beides zugleich bewerkstelligen, die Einrichtung eines gemeinsamen Willens und die Bewahrung der Freiheit, denn nur so können Gleichheit und Freiheit in einem Gemeinwesen realisiert werden. Zudem überrascht, dass Rousseaus Gesellschaftsvertrag kein Naturzustand vorausgeht, weil er weder einen hypothetischen noch einen realen Naturzustand überwinden will, sondern vielmehr den korrupten Zustand der von Selbstverliebtheit und Ungleichheit gekennzeichneten Gegenwart. Der Allgemeinwille soll genau dies bewerkstelligen.

Der Allgemeinwille ist der freie Wille jedes einzelnen Bürgers. Deshalb fügt sich jeder Bürger diesem Allgemeinwillen freiwillig. Die Idee der Autonomie als Selbstregierung soll die Spannung zwischen Freiheit und Gleichheit in der Gemeinschaft lösen. Allerdings bleibt Rousseaus Konzept des Allgemeinwillens spannungsreich. Einer Deutung zufolge drückt sich in ihm die gemeinsame Entscheidung durch Abstimmung aus, da dieses Verfahren ein epistemisch zuverlässiger Weg ist, den Willen aller zu eruieren. Hier ergibt sich das Problem der Abstimmungsminderheiten, denn offensichtlich findet der Wille der Minderheit im Resultat keinen Ausdruck. Rousseaus Erklärung, dass alle Stimmberechtigten in die Prozedur der Willensbildung eingewilligt haben, erscheint wenig befriedigend.

In einer anderen Deutung ist der Allgemeinwille eine transzendente Inkarnation jenseits der Bürger. Die in dieser Deutung angesprochene Problematik kommt in Rousseaus Figur des Verfassungsgebers (*législateur*) zum Ausdruck. Da Menschen, wenn sie sich zu einem Gemeinwesen zusammenschließen, während sie in einem korrupten Zustand leben, kaum in der Lage sind, ideale Gesetze auszuarbeiten oder auch nur zu erkennen, müssen sie zuerst erzogen werden. Dazu bedarf es eines charismatischen Verfassungsgebers, der gute Gesetze vorschlägt und diese, wenn nötig, mit wohlwollenden Mythen versieht. Es bleibt unklar, woher dem Verfassungsgeber die Fähigkeit zukommt, die richtigen Gesetze zu erkennen. Immerhin soll es dieser Figur untersagt sein, Regierungsgewalt auszuüben. Hat sie ihre Aufgabe getan, ist das Volk in die Autonomie entlassen. Die Figur des Verfassungsgebers hat zusammen mit der transzendenten Deutung des Allgemeinwillens zum Verdacht geführt, Rousseau sei weniger ein Vorläufer der direkten Demokratie als des totalitären Staates.

Welche Spannungen Rousseaus politischer Philosophie auch immer zugrunde liegen mögen, deutlich ist das zentrale Ziel der Erhaltung und Entwicklung der Freiheit. Im Laufe der Geschichte tauscht der Mensch seine natürliche Freiheit auf alle beliebigen Ressourcen gegen die bürgerliche Freiheit eines gemeinschaftlichen Lebens unter Gesetzen. Die moralische Freiheit schließlich ergibt sich aus dem Gehorsam gegenüber Gesetzen, die eine Gemeinschaft sich selbst als Ausdruck des Allgemeinwillens gegeben hat. Diese Geschichte der Freiheit verbindet Rousseau mit seiner Genealogie des korrupten Zustands der Selbstverliebtheit, der Ungleichheit und der Unmoral seiner Gegenwart.

Wie anhand der knappen Darstellung von Rousseaus Philosophie der Kultur und der Politik deutlich geworden ist, steht der Begriff der Freiheit im Zentrum seines Werkes. In der *Profession de foi du vicaire savoyard* (*Glaubensbekenntnis des savoyischen Vikars*), das sich im vierten Buch von *Émile* befindet, finden wir eine zentrale Überlegung Rousseaus zur Freiheitserfahrung im Selbstbewusstsein. Rousseau geht von der unmittelbaren Erfahrung seiner Existenz und der Sinneseindrücke aus. Während die Sinneseindrücke nicht vom Subjekt abhängig sind, das sie passiv erfährt, stammt das Gefühl der eigenen Existenz nicht aus den Sinneseindrücken, sondern ist unmittelbar gegeben. Wäre das Subjekt der Empfindungen aber nur passiv gegeben, könnte es die Empfindungen nicht vergleichen und ordnen, doch genau dies tut das Subjekt. In seiner Tätigkeit bezieht sich das Subjekt somit auf Empfindungen bzw. Empfindungen aufeinander, ohne dass diese Tätigkeit selbst Empfindung wäre. Im Gefühl meiner Selbst ist nicht nur ein aktives und urteilendes Subjekt gegeben, sondern auch moralische Empfindungen des Mitgefühls.

Die spontane Aktivität des Subjekts ist für Rousseau der Grund der Freiheit. Aus dem Selbstgefühl heraus argumentiert er gegen den Materialismus der Pariser *philosophes*. Kein nur materielles Wesen kann durch sich selbst tätig sein. Rousseau muss auch Humes Lösung der Spannung zwischen Freiheit und Determiniertheit als unzureichend betrachten. Diese als ‹Kompatibilismus› bekannte Lösung lautet, dass der Wille stets vollständig durch Motive bestimmt ist und dass ich frei bin, sofern ich tun kann, was ich will [*Treatise* 2.3.2]. Dem würde Rousseau entgegenhalten, dass die Freiheit eben in der Selbsttätigkeit und Selbstbestimmung des Subjekts – in seiner Autonomie – begründet ist.

Von Rousseau zu Kant

Der Autonomiegedanke, den Rousseau hier formuliert, nimmt in manchen Aspekten die Konzeption der Selbstbestimmung im theoretischen und praktisch-moralischen Weltverhältnis vorweg, die Immanuel Kant (1724–1804) in den 1780er Jahren zu der kopernikanischen Wende der Philosophie veranlasst, die in seiner Transzendentalphilosophie mündet und die wir hier in einem abschließenden Ausblick kurz skizzieren können. In seiner *Kritik der reinen Vernunft* (1781) formuliert Kant diese Wende für die theoretische Philosophie: Es sind universelle apriorische (erfahrungsunabhängige) Formen, die unseren Empfindungen eine begrifflich und damit bewusst fassbare Struktur geben. Diese Empfindungen oder sinnlichen Vorstellungen sind uns dadurch gegeben, dass wir von etwas affiziert werden, was wir lediglich unbestimmt als Ding an-sich fassen können. Für jede inhaltlich bestimmte Beschreibung müssten wir die Grenzen überschreiten, die Berkeley und Hume für den ideentheoretischen Repräsentationalismus aufgezeigt haben: Wir müssten etwas vorstellen können, ohne es vorzustellen oder zu repräsentieren! Doch Kants Theorie apriorischer Formen erlaubt ihm, diese Grenze zu akzeptieren und dennoch den Hume'schen Skeptizismus zurückzuweisen: Die apriorischen Formen strukturieren das sinnlich Gegebene begrifflich, indem sie es zu Komplexen zusammenfügen (synthetisieren), die vom erfahrenden Subjekt als erfahrbare, objektiv existierende Gegenstände in einer raum-zeitlichen Wirklichkeit (der empirischen Realität) verortet werden. Zu diesen apriorischen Formen gehören u.a. die Substantialität dieser Gegenstände und ihre kausale Wirksamkeit. Anders als Locke und Hume kann Kant die Substanz sowie die Kausalität als notwendige Bedingungen der Vorstellung empirischer Gegenstände fassen statt als undeutliche oder subjektive Ideen.

Ein derartiger Bezug auf Gegenstände, so argumentiert Kant, wäre ohne ein Selbstbewusstsein, das diesem Synthesis-Prozess Einheit verleiht, nicht möglich. Dieses Selbstbewusstsein erinnert an Rousseaus Selbstgefühl, und in der Tat hat Kant sich intensiv mit Rousseau beschäftigt. Diese Auseinandersetzung hat ihn von der Leibniz-Wolff'schen Schulphilosophie entfremdet, der er bis dahin verpflichtet war; die Beschäftigung mit Hume trug ein Übriges zu dieser Wende bei. Doch anders als Rousseau bestimmt Kant die strukturierenden Formen systematisch aus den grundlegenden Einheitsprinzipien unserer Urteile als reine Verstandesbegriffe (Kategorien). Aus Rousseaus Selbstgefühl wird so das Selbstbewusstsein (transzendentale Apperzeption), das nichts anderes ist als das Bewusstsein der urteilenden und synthetisierenden Einheitsbildung. Der Autonomiegedanke wird so als formale Autonomie ausbuchstabiert: Wir selbst sind es, die der Welt ihre Gesetze geben, weil es ohne uns keine gesetzesartigen, mithin notwendigen Verbindungen in der erfahrbaren Welt gäbe.

Anders als Rousseau wendet Kant diesen Gedanken einer rein formalen Autonomie in seiner *Grundlegung zur Metaphysik der Sitten* (1785) und seiner *Kritik der praktischen Vernunft* (1788) auch auf die Moralphilosophie an, wie Reinhard Brandt [2001] gezeigt hat. Auch hier sind nicht Gefühle – die sich immerhin von Mensch zu Mensch unterscheiden mögen – die Grundlage unserer praktisch-moralischen Selbstgesetzgebung. Es muss vielmehr ein universelles, mithin rein formales Prinzip geben, das für uns gilt, sofern wir überhaupt Menschen (und damit endliche Vernunftwesen) sind. Dieses Prinzip ist Kants kategorischer Imperativ, dementsprechend es unsere Pflicht als endliche Vernunftwesen ist, die Grundsätze unseres eigenen Handelns so zu wählen, dass sie auch als Grundsätze einer universellen Ordnung des Handelns dienen könnten. Diesen Imperativ erkennen wir an, weil wir uns seiner als moralischem Gesetz einer intelligiblen Verstandeswelt bewusst sind, als deren Mitglieder wir uns durch eben dieses Wissen erfahren. Freiheit wird so bei Kant zu einer Funktion formaler Autonomie des erkennenden und wollenden Subjekts. Kant vereinigt so die neuzeitlichen Leitgedanken methodischer, epistemischer und moralischer Selbstbestimmung in der Methode der Transzendentalphilosophie und der Vorstellung formaler Selbstgesetzgebung der theoretischen und der praktischen Vernunft.

Literaturhinweise

Im Folgenden listen wir Originalwerke, auf die der Text verweist, sowie zitierte Literatur zusammen mit hilfreicher Überblicksliteratur und weiterführender Literatur zu den wichtigsten behandelten Autorinnen und Autoren auf.

1. Werke

Sofern nicht anders vermerkt, erfolgen die Verweise auf die Werke durch Nennung des Paragraphen oder durch die alphanumerische Bezeichnung von Kapitel, Abschnitt und ggf. Unterabschnitt.

Arnauld, Antoine, *Œuvres de Messire Antoine Arnauld*, hg. v. G. du Pac De Bellegarde u. J. Hautefage, Paris/Lausanne, 43 Bde., 1964 ff.

Astell, Mary, *The Christian Religion, As Professed by a Daughter of the Church of England*, hg. v. J. Broad, Toronto 2013

Berkeley, George, *The Works of George Berkeley, Bishop of Cloyne*, hg. v. A. A. Luce u. T. E. Jessop, London 1948 ff.

Conway, Anne, *The Principles of the Most Ancient and Modern Philosophy*, übers. u. hg. v. T. Corse u. A. Coudert, Cambridge 1996

Descartes, René, *Œuvres*, Ch. Adam, hg. v. P. Tannery, 12 Bde., Paris 1982 ff. [zitiert unter Nennung von Band und Seite als: AT]

Descartes, René, *Discours de la méthode. Französisch-Deutsch*, übers. u. hg. v. L. Gäbe, Hamburg 1990

Descartes, René, *Meditationen. Dreisprachige Parallelausgabe Latein – Französisch – Deutsch*, übers. u. hg. v. A. Schmidt, Göttingen 2004

Descartes René, *Briefwechsel mit Elisabeth von der Pfalz*, frz.-dt., hg. v. I. Wienand u. O. Ribordy, Hamburg 2015

Du Châtelet, Émilie, *Essai sur l'Optique,* 1738 http://projectvox.org/du-chatelet-1706-1749/texts/essai-sur-l%27optique

Hobbes, Thomas, *The English Works of Thomas Hobbes of Malmesbury*, 11 Bde., hg. v. W. Molesworthy, London 1839 ff., ND Aalen 1962

Hume, David, *A Treatise of Human Nature*, hg. v. D. F. u. M. Norton, Oxford 2000

Leibniz, Gottfried Wilhelm, *Die Philosophischen Schriften*, 7 Bde., hg. v. C. I. Gerhardt, Berlin 1875 ff.

Leibniz, Gottfried Wilhelm, *Sämtliche Schriften und Briefe*, Darmstadt/Berlin 1923 ff.

Locke, John, *The Works of John Locke*, 10 Bde., London 1823, ND Aalen 1963

Locke, John, *An Essay concerning Human Understanding*, hg. v. P. H. Nidditch, Oxford 1975

Malebranche, Nicolas, *Œuvres Complètes*, 21 Bde., hg. v. A. Robinet, Paris 1958 ff.

Masham, Damaris, *The Philosophical Works of Damaris, Lady Masham*, Bristol 2004

Rousseau, Jacques, *Œuvres complètes*, 5 Bde., hg. v. B. Gagnebin u. M. Raymond, Paris 1959 ff.

Smith, Adam, *The Theory of Moral Sentiments*, hg. v. D. D. Raphael u. A. L. Macfie, Oxford 1976

Spinoza, Baruch de, *Spinoza Opera*, hg. v. C. Gebhardt, Heidelberg 1972 (1925)

Spinoza, Baruch de, *Ethik in geometrischer Ordnung dargestellt*, übers. u. hg. v. W. Bartuschat, Hamburg 1999

Wollstonecraft, Mary, *The Works of Mary Wollstonecraft*, hg. v. J. Todd u. M. Butler, London 1987

2. Sekundärliteratur

2.1 Überblicksdarstellungen

Ayers, M./Garber, D. (Hg.), *The Cambridge History of 17th Century Philosophy*, 2 Bde., Cambridge 1998

Cassirer, E., *Die Philosophie der Aufklärung*, Hamburg 2007 (1932)

Darnton, R., *Glänzende Geschäfte. Die Verbreitung von Diderots Encyclopédie oder: Wie verkauft man Wissen mit Gewinn?*, Hamburg 1998

Haag, J./Perler, D. (Hg.), *Ideen. Repräsentationalismus in der frühen Neuzeit*, 2 Bde., Berlin 2010

Ottmann, H., *Geschichte des politischen Denkens: Die Neuzeit. Von Machiavelli bis zu den großen Revolutionen*, Stuttgart 2006

Perler, D./Wild, M. (Hg.), *Sehen und Begreifen. Wahrnehmungstheorien in der frühen Neuzeit*, Berlin 2008

Rutherford, D. (Hg.), *The Cambridge Companion to Early Modern Philosophy*, Cambridge 2006

Yolton, J. W., *Perceptual Acquaintance from Descartes to Reid*, Minneapolis 1984

2.2 Einführende Literatur zu einzelnen Philosophinnen und Philosophen

Arnauld, Antoine

Nadler, St., *Arnauld and the Cartesian philosophy of ideas*, Princeton 1989

Astell, Mary

Broad, J., *The Philosophy of Mary Astell. An Early Modern Theory of Virtue*, Oxford 2015

Berkeley, George

Kail, P. J. E., *Berkeley's A Treatise Concerning the Principles of Human Knowledge. An Introduction*, Cambridge 2014

Kuhlenkampff, A., *George Berkeley*, München 1987

Châtelet, Émilie du

Hagengruber, R. (Hg.), *Émilie Du Châtelet between Leibniz and Newton*, London 2012

Conway, Anne

Hutton, S., *Anne Conway. A Woman Philosopher*, Cambridge 2004

Descartes, René

Gaukroger, St., *Descartes. An Intellectual Biography*, Oxford 1995

Hatfield, G., *Descartes' Meditations*, London 2014

Kemmerling, A. (Hg.), *René Descartes. Meditationen über die erste Philosophie*, Berlin 2009

Perler, D., *Descartes*, München 1998

Hobbes, Thomas

Kersting, W., *Hobbes*, Hamburg 2018

Martinich, A., *Hobbes*, London 2005

Martinich, A., *Hobbes. A Biography*, Cambridge 2007

Hume, David

Garrett, D., *Hume*, London 2014

Harris, J. A., *Hume. An Intellectual Biography*, Cambridge 2015

Kuhlenkampff, J., *David Hume*, München 2003

Streminger, G., *David Hume. Der Philosoph und sein Zeitalter*, München 2017

Leibniz, Gottfried Wilhelm

Jolley, N., *Leibniz*, London 2005

Hirsch, E., *Der berühmte Herr Leibniz*, München 2000

Look, B. C., *Leibniz's Metaphysics and Metametaphysics: Idealism, Realism, and the Nature of Substance, Philosophy Compass* 5, 2010, 871–879

Locke, John

Euchner, W., *Locke zur Einführung*, Hamburg 2011

Lowe, J., *Locke*, London 2005

Ludwig, B., Rehm, M. (Hg.), *John Locke. Zwei Abhandlungen über die Regierung*, Berlin 2012

Woolhouse, R., *Locke. A Biography*, Cambridge 2009

Malebranche, Nicholas

Nadler, St. (Hg.), *The Cambridge Companion to Malebranche*, Cambridge 2000

Pyle, A., *Malebranche*, London 2003

Rousseau, Jean-Jacques

Brandt, R./Herb, K. (Hg.), *Jean-Jacques Rousseau. Vom Gesellschaftsvertrag oder Prinzipien des Staatsrechts*, Berlin 2012

Starobinski, J., *Rousseau. Eine Welt von Widerständen*, München 2012 (1971)

Sturma, D., *Jean-Jacques Rousseau*, München 2001

Smith, Adam

Ballestrem, K., *Adam Smith*, München 2003

Schliesser, E., *Adam Smith. Systematic Philosopher and Public Thinker*, Oxford 2017

Spinoza, Baruch de

Della Rocca, M., *Spinoza*, London 2008

Hampe, M./Renz, U./Schnepf, R. (Hg.), *Baruch de Spinoza: Ethik in geometrischer Ordnung dargestellt*, Berlin 2006

Nadler, S., *Spinoza: A Life*, Cambridge 1999

Wollstonecraft, Mary

Halldenius, L., *Mary Wollstonecraft and Feminist Republicanism*, London 2015

2.3 Weiterführende Literatur

Barth, Ch., *Intentionalität und Bewusstsein in der frühen Neuzeit*, Frankfurt a.M. 2017

Bender, S., *Leibniz' Metaphysik der Modalität*, Berlin 2016

Brandt, R., *Rousseau und Kant*, in: *Wechselseitige Beeinflussungen und Rezeptionen von Recht und Philosophie in Deutschland und Frankreich*, J. Kervégan, H. Mohnhaupt (Hg.), Frankfurt a.M. 2001, 91–118

Broad, J./Detlefsen, K. (Hg.), *Women and Liberty 1600–1800*, Oxford 2017

Fleischacker, S., *A Third Concept of Liberty: Judgment and Freedom in Kant and Adam Smith*, Princeton 1999

Garber, D., *Leibniz: Body, Substance, Monad*, Oxford 2009

Garrett, D., *Cognition and Commitment in Hume's Philosophy*, New York 1997

Gay, P., *The Enlightenment: An Interpretation*, New York Bd. 1: 1966, Bd. 2: 1969

Griswold, Ch., *Adam Smith and the Virtues of Enlightenment*, Cambridge 1999

Hagengruber, R./Rodrigues, A. (Hg.), *Von Diana zu Minerva. Philosophierende Aristokratinnen des 17. und 18. Jahrhunderts*, Berlin 2011

Hanley, R., *Adam Smith and the Character of Virtue*, Cambridge: Cambridge University Press 2009

Jolley, N., *The Light of the Soul. Theories of Ideas in Leibniz, Malebranche, and Descartes*, Oxford 1990

Kemp Smith, N., *The Philosophy of David Hume*, London 1941

Macpherson, Ch.B., *Die politische Theorie des Besitzindividualismus. Von Hobbes bis Locke*, Frankfurt a.M. 1990 (1962)

McCracken, C., *Malebranche and British Philosophy*, Oxford 1983

Melamed, Y., *Spinoza's Metaphysics. Substance and Thought*, Oxford 2013

Moreau, D., *Deux cartésiens: La polemique entre Antoine Arnauld et Nicolas Malebranche*, Paris 1999

Nozick, R., *Anarchie, Staat, Utopia*, München 1976 (1974)

Ott, W., *Descartes, Malebranche, and the Crisis of Perception*, Oxford 2017

Popper, K., *Objektive Erkenntnis*, Hamburg 1993 (1972)

Renz, U., *Die Erklärbarkeit von Erfahrung. Realismus und Subjektivität in Spinozas Theorie des menschlichen Geistes*, Frankfurt a.M. 2010

Russell, P., *The Riddle of Hume's Treatise: Skepticism, Naturalism, and Irreligion*, Oxford 2008

Saporiti, K., *Die Wirklichkeit der Dinge. Eine Untersuchung des Begriffs der Idee in der Philosophie George Berkeleys*, Frankfurt a.M. 2006

Schmaltz, T.M., *Malebranche's Theory of the Soul: A Cartesian Interpretation*, Oxford 1996

Schneewind, J.B., *The Invention of Autonomy. A History of Modern Moral Philosophy*, Cambridge 1998

Schütt, H.-P., *Die Adoption des Vaters der modernen Philosophie. Studien zu einem Gemeinplatz der Ideengeschichte*, Frankfurt a.M. 1998

Simmons, J.A., *The Lockean Theory of Rights*, Princeton 1992

Strauss, L., *Hobbes' politische Wissenschaft*, in: ders., *Gesammelte Schriften*, Bd. 3, Stuttgart 2001 (1936)

Strauss, L., *Naturrecht und Geschichte*, Frankfurt a.M. 1989 (1953)

Winkler, K., *Berkeley: An Interpretation*, Oxford 1989

Personenregister